U0552369

中国妖怪百绘卷

蔡辉 著
袁艺文 绘

广东旅游出版社
中国·广州

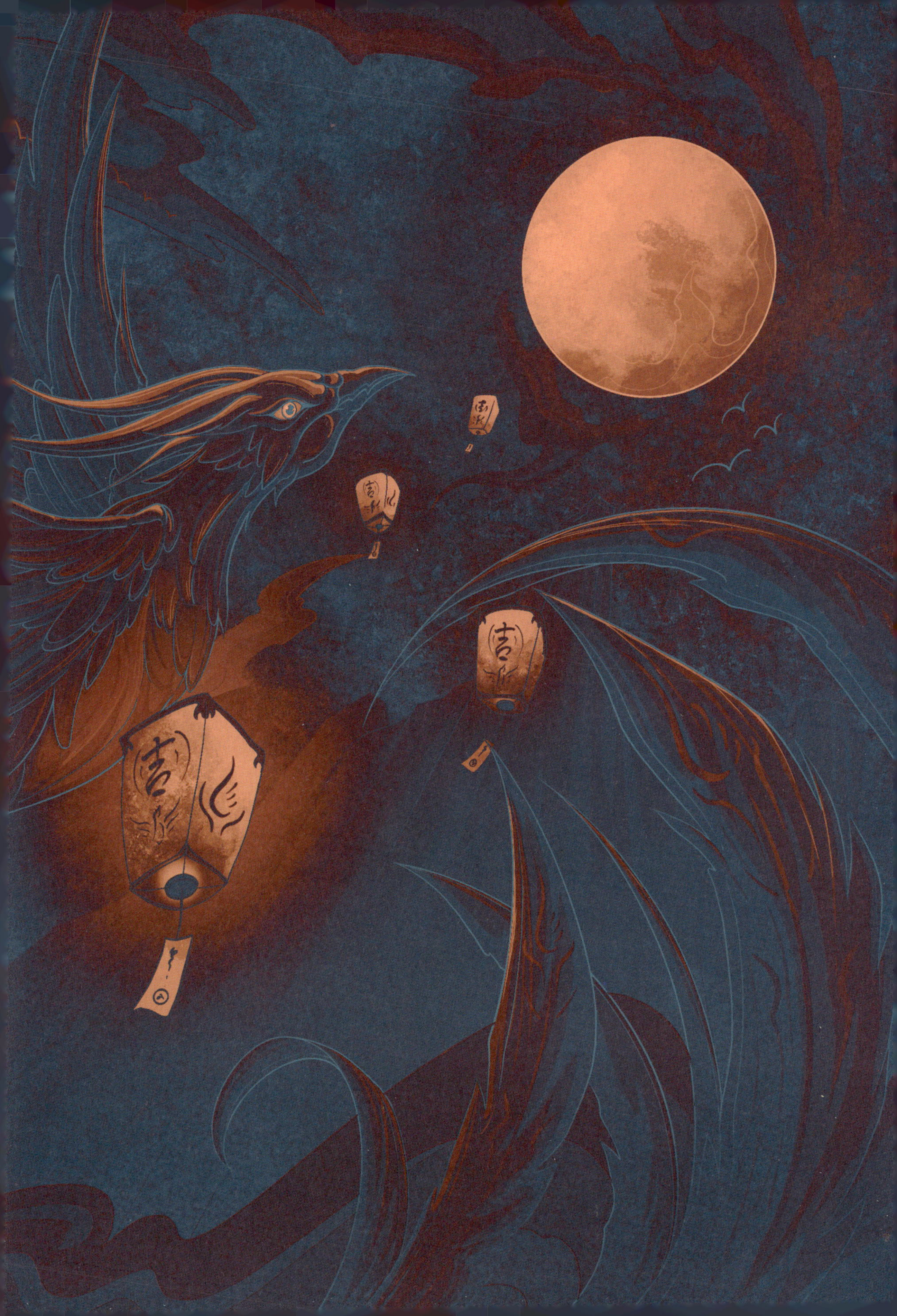

第一卷 奇珍异兽

鸾鸟 / 〇〇二	大鹏 / 〇三八
灌灌 / 〇〇六	鬼车 / 〇四二
毕方 / 〇〇八	孰湖 / 〇四四
鴢雀 / 〇一〇	鹿蜀 / 〇四六
象蛇 / 〇一二	狰 / 〇四八
白泽 / 〇一四	领胡 / 〇五二
五足兽 / 〇一八	乘黄 / 〇五六
彘 / 〇二〇	甪端 / 〇五八
商羊 / 〇二二	雍和 / 〇六〇
鹬 / 〇二六	狌狌 / 〇六二
胜遇 / 〇二八	类 / 〇六四
鸰鸰 / 〇三〇	
风狸 / 〇三四	
冉遗鱼 / 〇三六	

蚩鼠 / 〇六六

橐𧴾 / 〇六八

狡 / 〇七〇

鹠鹠 / 〇七四

重明 / 〇七六

希有 / 〇七八

数斯 / 〇八〇

豪彘 / 〇八二

絜钩 / 〇八六

孟极 / 〇八八

兕 / 〇九〇

貘 / 〇九四

药兽 / 〇九八

旋龟 / 一〇〇

羢羊 / 一〇二

骊头 / 一〇四

颙 / 一〇六

鱼妇 / 一一〇

鲲 / 一一二

横公鱼 / 一一四

第二卷 妖艳魅惑

危狐 / 一一八
九婴 / 一二二
贡羊 / 一二六
夜明 / 一二八
金华猫 / 一三〇
霹雳 / 一三二
人蛇 / 一三四
九尾蛇 / 一三六
患忧 / 一三八
猪妖 / 一四二
画马 / 一四六
犀犬 / 一四八
人面牛 / 一五〇

彭侯 / 一五二
落头民 / 一五六
应声虫 / 一五八
貀人 / 一六〇
罔象 / 一六四
画皮 / 一六六
庆忌 / 一七〇
姑获鸟 / 一七二
鲛人 / 一七四
猪婆龙 / 一七六
山魈 / 一八〇
狐鬼 / 一八二
瞳人 / 一八四

罗刹鸟／一八六
黑鱼精／一九〇
孟婆／一九二
刀劳鬼／一九六
蓬头鬼／一九七
夜叉／二〇〇
痴鬼／二〇四
疟疾鬼／二〇六
虚耗／二一〇
伤魂鸟／二一二
大头鬼／二一四
五奇鬼／二一六
产鬼／二二〇
缢鬼／二二二

妒妇津／二二六
债鬼／二二八
雷鬼／二三二
旱魃／二三四
水鬼／二三八
狰狞鬼／二四〇
冤鬼／二四四

第三卷 神仙异人

洛神 / 二四八
九天玄女 / 二五二
句芒 / 二五四
禺彊 / 二五六
颛顼 / 二六〇
盘古 / 二六二
神农 / 二六六
蚩尤 / 二六八
嫘祖 / 二七〇
西王母 / 二七四
嫘祖 / 二七六
伏羲 / 二七六
少昊 / 二八〇

附录卷 上古神兽

龙生九子 / 二八四
老大囚牛 / 二八六
老二睚眦 / 二八八
老三嘲风 / 二九〇
老四蒲牢 / 二九二
五子狻猊 / 二九四
六子霸下 / 二九六
七子狴犴 / 二九八
八子负屃 / 三〇〇
老九螭吻 / 三〇二

四大圣兽 / 三〇四

朱雀 / 三〇六

玄武 / 三〇八

白虎 / 三一〇

青龙 / 三一二

四大灵兽 / 三一四

麒麟 / 三一六

凤凰 / 三一八

龟 / 三二〇

龙 / 三二二

四大瑞兽 / 三二四

独角兽 / 三二六

狻猊 / 三二八

貔貅 / 三三〇

当康 / 三三二

四大凶兽 / 三三四

穷奇 / 三三六

梼杌 / 三三八

混沌 / 三四〇

饕餮 / 三四二

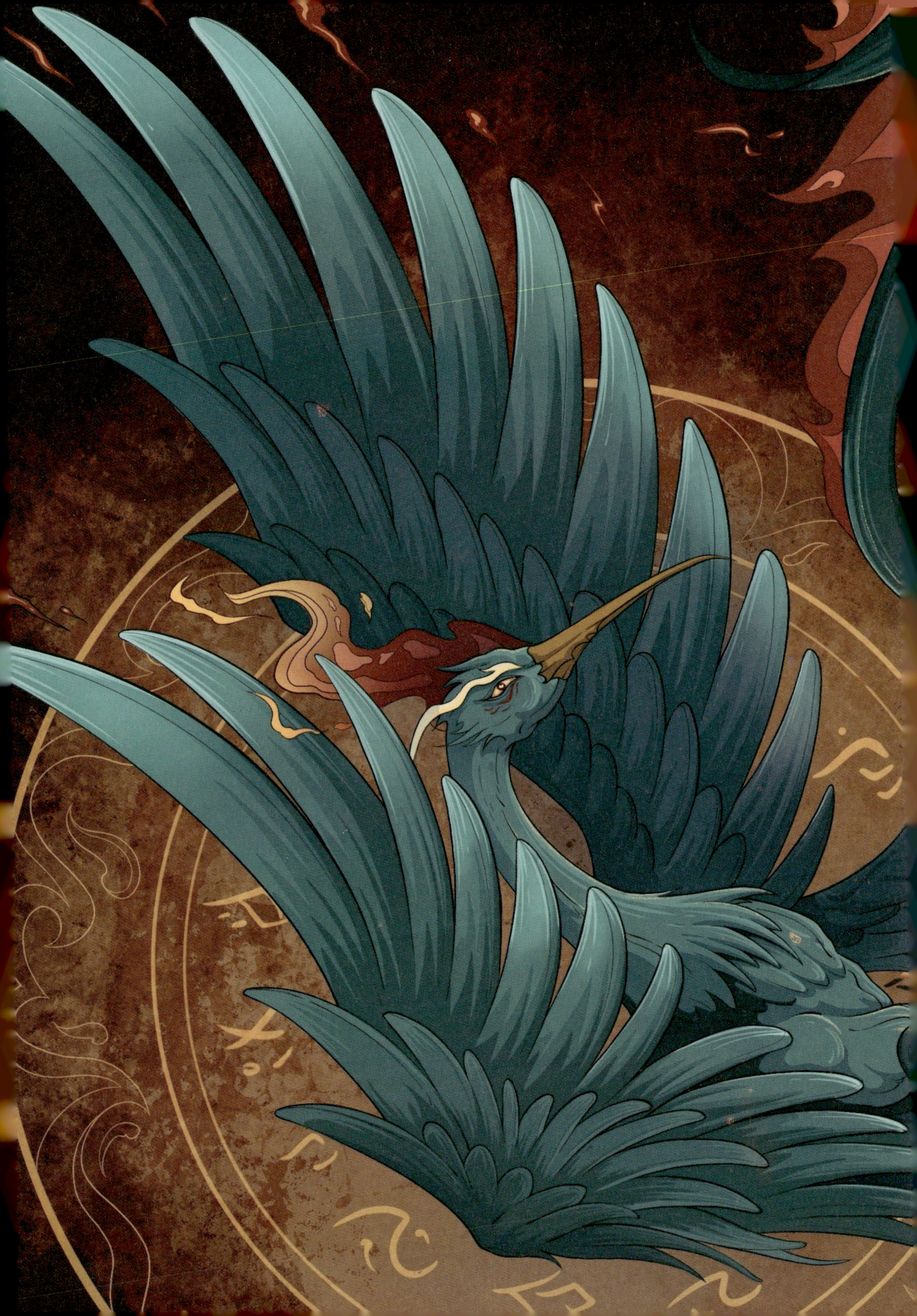

奇珍异兽

第一卷

鸾鸟 luán niǎo

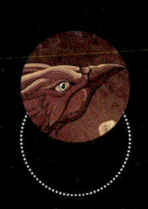

《山海经》中多处记载了鸾鸟：

一是说鸾鸟生于女床之山，样子像野鸡，却长着色彩斑斓的羽毛，一出现天下就会安宁。

二是说在诸沃之野也有鸾鸟，那里"鸾鸟自歌，凤鸟自舞"，说明一片祥和。

三是开明兽的西边有凤凰、鸾鸟，皆戴着蛇，或者踩着蛇，胸前有赤蛇。开明兽的北面也有凤凰、鸾鸟，都戴着类似瞂（fá）（盾牌）的冠。

四是载（dié 同"䴢"）民之国，"爰（yuán）有歌舞之鸟，鸾鸟自歌"。

五是沃民之国，也是"鸾鸟自歌"。

六是附禺之山，帝颛顼（zhuān xū）与九嫔葬在那里，也有鸾鸟。

七是都广之野，也有"鸾鸟自歌"。

……

在《山海经》中，我们可以发现，鸾鸟多与凤凰同时出现，"自歌""自舞"。在《淮南子·卷四·地形训》中记载："羽嘉生飞龙，飞龙生凤凰，凤凰生鸾鸟，鸾鸟生庶鸟，凡羽者生于庶鸟。"也就是说鸾鸟可能是凤凰的后代。

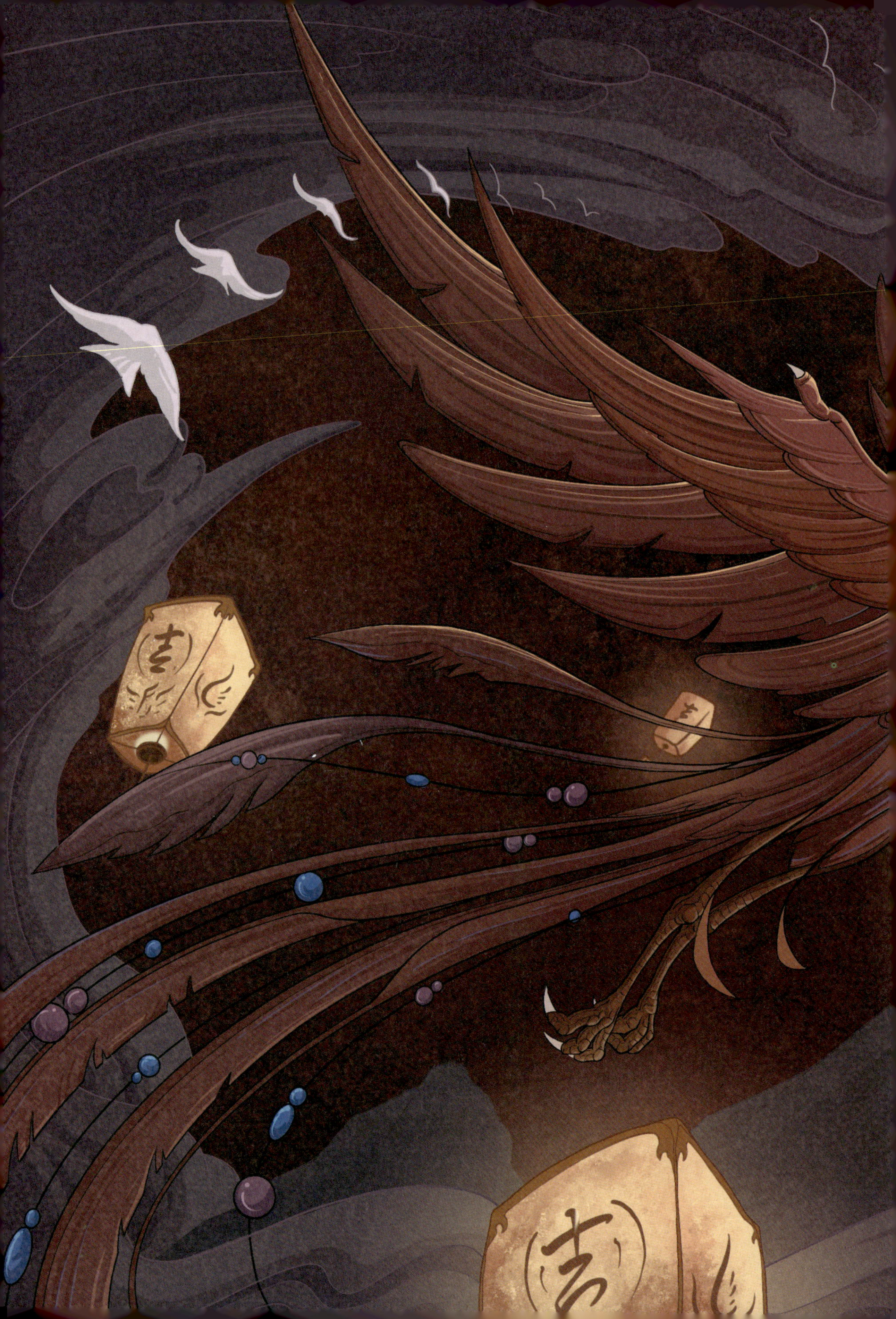

鸾鸟

灌灌
guàn guàn

据《山海经·南山经》记载："（青丘之山）有鸟焉，其状如鸠，其音如呵，名曰灌灌，佩之不惑。"

灌灌是生活在青丘之山的一种鸟，样子像斑鸠，发出的鸣叫声犹如人在对骂，把灌灌的羽毛佩戴在身上，人就不会被迷惑。

陶渊明有诗云："青丘有奇鸟，自言独见尔。本为迷者生，不以喻君子。"其意为青丘之山有奇鸟，独自出现人不知，本来就为迷者生，不必晓喻贤君子。诗中就是用灌灌来抒发诗人对现实的不满情绪。

在《山海经》中，灌灌和九尾狐都生活在青丘之山，互为邻居。九尾狐"其音如婴儿，能食人，食者不蛊"。

值得一提的是，青丘之山是凶地，本是蚩尤的地盘，《归藏·启筮》中记载："蚩尤出自羊水，八肱，八趾，疏首。登九淖以伐空桑，黄帝杀之于青丘。"蚩尤墓在今山东菏泽附近，故青丘之山亦应在此。

整体来看，灌灌与九尾狐可能都是人想象出来的动物。有学者认为，灌灌可能就是鹧鸪（zhè gū）。鹧鸪可药用，叫声虽优美，但却很吵。鹧鸪的羽毛非常漂亮，古人可能以为它有魔力，便随身佩戴。

灌灌

毕方
bì fāng

在《山海经》中，有两处记载了毕方。

其一说毕方出自章莪之山，"其状如鹤，一足，赤文青质而白喙，名曰毕方。其鸣自叫也，见则邑有讹火"。

毕方样子像仙鹤，但只有一只脚，身上的羽毛是青色的，上面有红色斑纹，嘴巴是白色的，叫声如叫自己的名字，它出现在哪里，哪里就会发生火灾。

其二为"毕方鸟在其东，青水西，其为鸟人面一脚。一曰在二八神东"。

毕方长着人脸，一只脚，也有说法为毕方鸟站在二八神的东边。二八神即夜游神，共计十六人，传说二八神的手臂连在一起，为天帝守夜。二八神白天隐身，晚上才出来，甚至出现在街巷中，人们见到了，也不以为怪。毕方与二八神为伴，可见也是天帝的打工仔。

《韩非子·十过》中提到毕方是黄帝的属下，黄帝泰山封禅时，毕方便侍卫在蛟龙拉的战车旁，地位比蚩尤、风伯、雨师还高。

汉代《白泽图》（已佚，仅留部分文句在其他古籍中可见）中说："火之精名曰必方，状如鸟，一足。以其名呼之，则去。"必方，即毕方。

唐代元和七年（812年），湖南永州火灾频发，当地人找不到原因，后来发现许多独足怪鸟用嘴画地，有学者认为即是毕方。唐代诗人柳宗元曾撰文《逐毕方文》来驱逐毕方，文曰："云有怪鸟，莫实其状……若今火者，其可谓讹欤？而人有以鸟传者，其毕方欤？"

毕方常在夜间出现，会给人带来灾害，可见毕方形象的出现，表达了原始人类对火的恐惧与向往。

毕方

䑏雀
qí què

据《山海经》记载，䑏雀"其状如鸡而白首，鼠足而虎爪，其名曰䑏雀，亦食人"。

䑏雀长得像鸡，有着白色的头，且长着老鼠的脚、老虎的爪子，可食人，可以推断出䑏雀是一种体型庞大的鸟。

后有人推断䑏雀为斗鸡，因斗鸡也有鼠足。所谓鼠足，是指像老鼠那样奔走，鸟类受脚的生理结构影响，善握枝而不善走，但斗鸡却有快走的能力。且斗鸡非罕见之物，也不能吃人。

魁雀

象蛇
xiàng shé

象蛇不是蛇，而是一种鸟。

据《山海经》记载："有鸟焉，其状雌雉，而五采以文，是自为牝牡，名曰象蛇，其鸣自叫。"

象蛇生在阳山，样子像雌的野鸡，身披五彩羽毛，且雌雄同体，叫声就像在叫自己的名字。

值得注意的是，北魏郦道元在《水经注》中曾引用《山海经》，称诸次之山也有象蛇，记载为："诸次之山，诸次之水出焉。是山多木，无草，鸟兽莫居，是多象蛇。"可在现代《山海经》中，却找不到这段话，可见郦道元所见的版本更为古老。

在《山海经》中，记录了很多雌雄同体的禽兽，比如鹡䳜（qí yú）、类，清代学者认为类可能就是灵猫，雌雄都有香囊，难分性别，而鹡䳜、象蛇的羽毛较多，难辨雌雄，所以古人误以为它们不分雄雌。象蛇曾被视为瑞兽，只要出现，就会风调雨顺。

象蛇

白泽
bái zé

　　白泽，古代传说中的一种瑞兽，能言语，通万物之情。清代《渊鉴类函》中引古本《山海经》中，提到了白泽，即："东望山有兽，名白泽，能言语。王者有德，明照幽远则至。"

　　关于白泽的记录，最早出现在葛洪的《抱朴子》中，即："昔黄帝生而能言，役使百灵，可谓天授自然之体者也……穷神奸则记白泽之辞。"是说黄帝在巡狩时，到东海之滨，遇到白泽。白泽能辨识一万种左右的鬼怪形貌，并可以用方术驱除它们。黄帝命人将白泽所说记录并绘像，这些图文被称为《白泽图》。

　　在唐代以前，《白泽图》已成家庭常用的驱鬼手册，体现了当时中国文化中的迷信色彩，即相信万物中皆有神明，有的有益，有的有害，需区别对待。据说，《白泽图》中记载了妖怪数目万余种，包含了鬼怪的名字、相貌以及驱除方法，并配有鬼怪的图。此书后来失传，现存的《白泽图》出自唐人之手。

白泽的相貌，历代记载不一。明《三才图会》中称白泽是狮子身姿，头有两角，山羊胡子。

白泽的地位颇高，唐至清时期，白泽是皇帝仪仗旗队中图识之一。《旧唐书·职官志》中记载："凡车驾出入，则率其属以清游队，建白泽、朱雀等旗队先驱，如卤薄之法。"

白泽

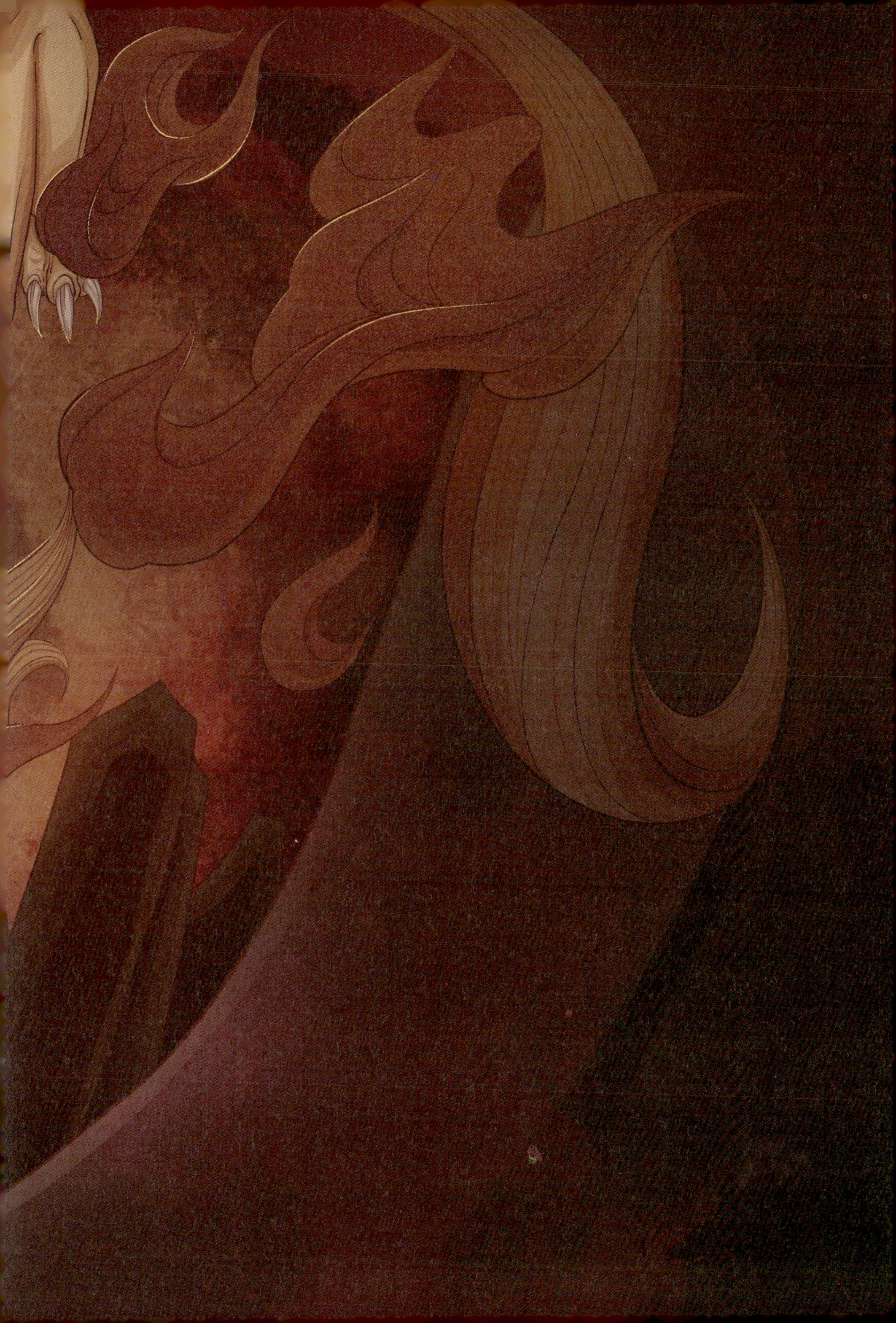

五足兽
wǔ zú shòu

关于五足兽的记载直到晋代才出现。据《拾遗记·晋时事》记载："因墀(chí)国献五足兽，状如狮子……问其使者五足兽是何变化，对曰：东方有解形之民，使头飞于南海，左手飞于东山，右手飞于西泽，自脐以下，两足孤立。至暮，头还肩上，两手遇疾风飘于海外，落玄洲之上，化为五足兽，则一指为一足也。"

《拾遗记·晋时事》是东晋王嘉编写的古代中国神话志怪小说集，所录未必都是事实。

因墀国一说在西域之北，乘铁轮车来到中国，用了十年；一说在印度北部。据因墀国使者说，中原上古有"分解人"，手脚和头可分向四方，然后再飞回来自动拼接成整体，没有任何损伤。没想到，一次"分解人"玩砸了，头飞回来了，两只手却因疾风，飘落在海外，变成五足兽和人一样，每只手有五根指头。

使者的话很巧妙，言外之意，进贡五足兽其实是帮它们回家。

在自然界，奇数肢体的高等动物很稀少，因身体发育多是通过细胞裂变而成。一般来说，高等动物都是偶数肢体，符合效率最优原则。所以，五足兽不太可能存在。古人想象出五足兽，可能是对人为何长五根手指感到好奇，认为它也属于普遍规则。

至于说五足兽像狮，因当时中原与中亚往来频繁，各种奇异动物由此进入中原，包括狮子，所以人们提起域外怪兽，第一反应就认为和狮子差不多。

五足獣

彘 zhì

古人称大猪为彘，但在《山海经》中，彘是一种怪物。据记载："浮玉之山……有兽焉，其状如虎而牛尾，其音如吠犬，其名曰彘，是食人。"彘的样子像老虎却长着牛一般的尾巴，叫声如狗，能吃人。

在《礼记》中曾出现过彘，文中记载："曾参（孔子的弟子）之妻之市，其子随之而泣，其母曰：'女还，顾反为女杀彘。'妻适市来，曾子欲捕彘杀之。妻止之曰：'特与婴儿戏耳。'曾子曰：'婴儿非与戏也。婴儿非知也，待父母而学者也，听父母之教。今子欺之，是教子欺也。母欺子而不信其母，非以成教也。'遂烹彘也。"此则故事强调父母应以身作则，言传身教。文中的彘便指猪。

《山海经》中强调彘的凶猛，而在《礼记》中，彘则成了可以豢（huàn）养的家猪。

狻

shāng
商
yáng
羊

商羊是《孔子家语·辩政》中记载的一种单足鸟，每当大雨到来前，就会翩翩起舞。

据记载，春秋时，一只单足怪鸟落入王宫，跳来跳去，齐景公不知何物，便派人到鲁国请教孔子，孔子说，这是商羊，洪水前的预兆。果然，天降暴雨，洪水袭来，周边国家均受损，而齐国损失很小，齐景公称赞说：圣人的话，就是准。

然而，自然界中并无单足鸟。东汉王充曾解释说，商羊乃双足，只是下雨前才收起一足，用另一足跳舞。王充偏重合理解释，但认同此说法的人并不多。暴雨前空气湿度增加，气压降低，很多鸟类具备预报大雨的能力，比如杜鹃、黄鹂、斑鸠、喜鹊、猫头鹰等。

商羊究竟长什么样，孔子没说。三国吴人沈莹在《临海异物志》中记录了一种独足鸟，名独足，疑为商羊，身上有花纹，嘴是红色的，不吃稻米，只吃虫子，鸣叫声如人在呼啸，雨前会大叫，又名山噪鸟，昼出夜伏，偶尔也会在白天出来。

描述虽细，却仍难推断出商羊是什么鸟。但在山东菏泽地区，民间有一种商羊舞——模仿商羊鸟单腿跳跃的舞蹈，用来祈雨。该舞一直传到今天，和《孔子家语·辩政》中的描述一致。

商羊

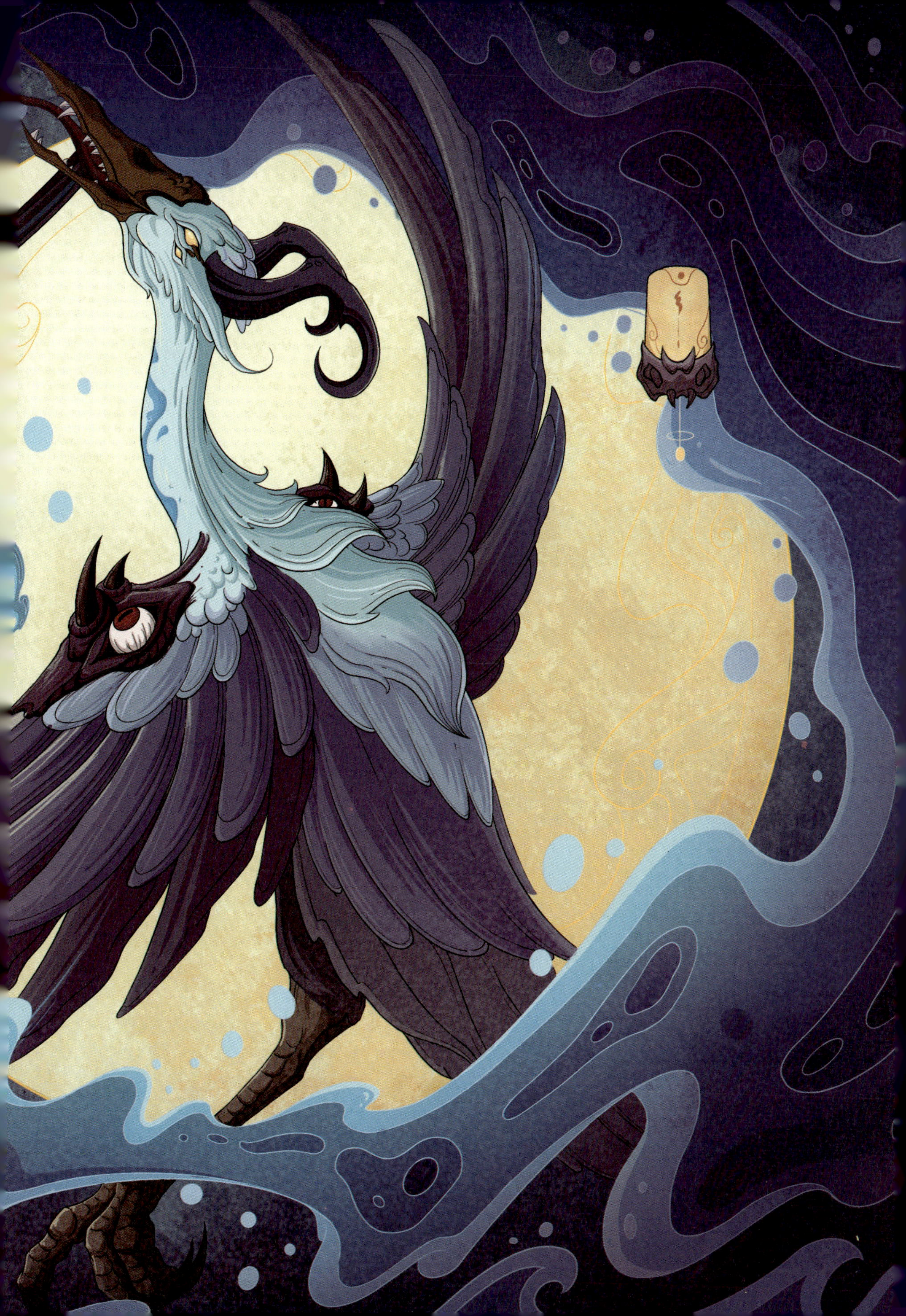

鹢
yì

鹢，是古籍中经常提到的一种鸟，因记录混乱，变得神秘起来。

在《左传·僖公十六年》中，有"六鹢退飞"的典故，鲁僖公十六年，六只鹢鸟倒退着飞过宋国都城，鹢鸟善高飞，本不怕风，如今竟然倒飞，实属"异象"，被认为是灾难之征。宋国将此事遍告诸侯，所以也被史官记录了下来。后代用"六鹢退飞"来表示逆风而行，运气不佳，也用来比喻仕途不利，处境艰难。

现如今，鹢鸟则为水鸟。多会画在船头，称为鹢首，泛指船头。

鹪

胜遇
shèng yù

胜遇，在《山海经》中有相关记载，曰："玉山，西王母所居也……有鸟焉，其状如翟而赤，名曰胜遇，是食鱼，其音如录，见则其国大水。"

胜遇是一种水禽，样子像野鸡，通身是红色的。胜遇以鱼为食，发出的声音如同鹿鸣，它在哪个国家出现，该国就会发生水灾。

胜遇的出现，可预报水灾这一说法，并没有根据，可能古人在水灾前多见此鸟，便认为此鸟可带来水灾。

值得注意的是，胜遇出自玉山，那是西王母住的地方，可见胜遇绝非凡鸟。

胜遇

軨軨
líng líng

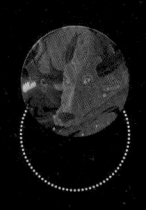

在《山海经》中记载："有兽焉，其状如牛而虎文，其音如钦。其名曰軨軨，其鸣自叫，见则天下大水。"

軨軨是一种身上带有虎纹的牛，叫喊如人在呻吟，辨其音，如"軨軨"，故称此兽为軨軨。軨軨一旦现身，天下就会发生水灾，可见功力深厚。今天大河、大湖边常有古人所建的镇水神牛，以防水灾，可能就是軨軨。

軨軨会引发大水，为什么还要用它来镇水呢？这很令人不解。

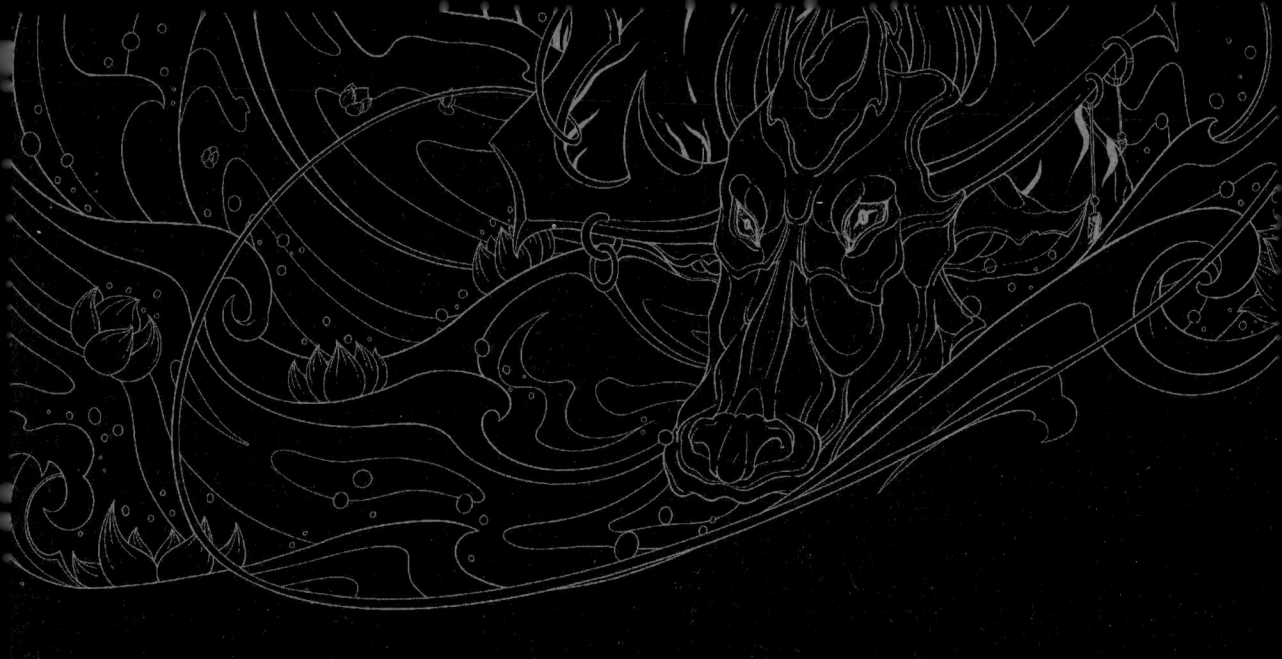

《周易》中称"坤为牛"，牛被视为极阴之物，古人治水，多用土堆，称为"土牛"。牛的鸣叫声如雷，似有呼风唤雨之能，所以推测古人可能视牛为水神。民间便有"以牛镇水"的故事，如"李冰治水"。

　　传说李冰治水时，江神为虐，民间设祠，每年进贡童女二人，为其妇。李冰用自己女儿当饵，混入祠中，与江神对战。江神现了原形，是一头牛，李冰也化身白腰猛牛，以牛克牛，最终杀死了江神。

轱
轱

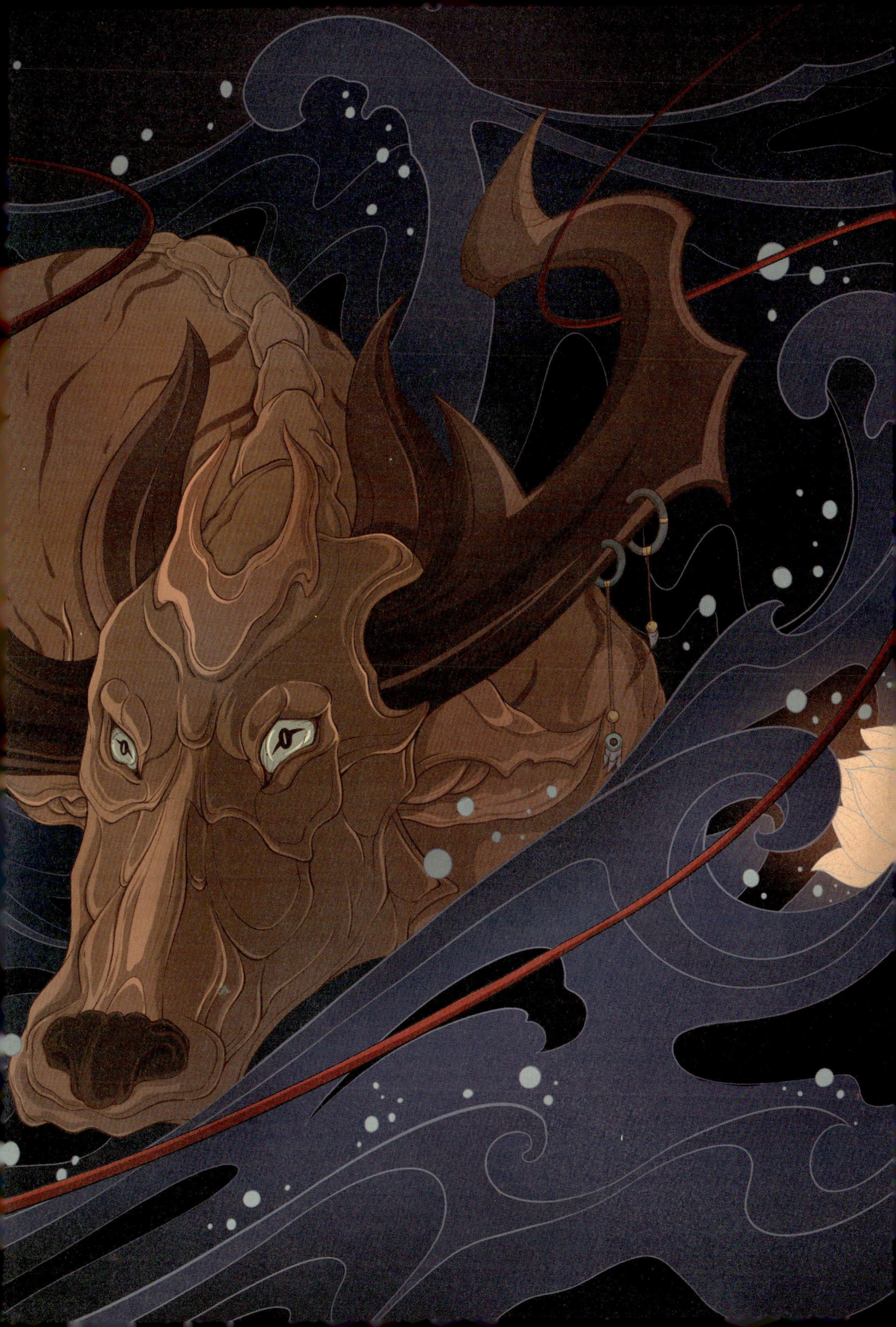

风 fēng
狸 lí

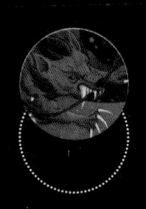

  风狸是传说中的一种异兽。据汉代东方朔所著的《海内十洲记》中记载："炎洲在南海中，地方二千里，去北岸九万里。上有风生兽（风狸的别名），似豹，青色，大如狸。张网取之，积薪数车以烧之，薪尽而兽不然，灰中而立，毛亦不燋（古同"焦"）；斫刺不入，打之如灰囊，以铁锤锻其头数十下乃死，而张口向风，须臾复活；以石上菖蒲塞其鼻，即死。取其脑和菊花服之，尽十斤，得寿五百年。"

  风狸形如豹子，浑身青色，如同狸子大小。用火烧它，它不但不死，且皮毛无一丝损伤。用斧头和匕首砍它，却无法刺进肉身，用棍棒打它，如打在空皮囊上，使人无可奈何。用铁锤砸它脑袋，砸数十下才死，但只要有风吹进风狸口中，即立刻复活。后采集山石之上的菖蒲塞进鼻子里，风狸才真正死去。

  《海内十洲记》近似小说，不能全信，但风狸顽强的生命力给人留下深刻印象。后代多认为风狸有药用价值，据说它的尿能"理风疾"。古人对风疾的定义比较宽泛，只要病因可归为风，就算是风疾，一般指中风、半身不遂和精神疾病。

风狸

冉遗鱼
rǎn yí yú

冉遗鱼又称䱱(rán)遗鱼，据《山海经》中记载："英鞮(dī)之山……涴水出焉，而北流注于陵羊之泽。是多冉遗之鱼，鱼身蛇首六足，其目如马耳，食之使人不眯，可以御凶。"

冉遗鱼长着鱼的身子，却有蛇一样的头，还有六条脚。冉遗鱼的眼睛呈马耳状，据说吃了它的肉可以使人免于噩梦，还能避凶邪。

《山海经》称冉遗鱼产自"英鞮之山"旁的"涴水"，而"涴水"注入"陵羊之泽"，这三个地方究竟在哪，皆不可考，则冉遗鱼的身世无法澄清。有趣的是，宋代著名类书《太平御览》中记载了一种"尾箈(dàng)之鱼"，也是"鱼身蛇首，六足，目如马耳。食之使人不眯，可以御凶"，和冉遗鱼颇为相似。但"尾箈之鱼"是何物，至今不明。

"箈"意为大竹，而带竹字的鱼只有竹鱼，是一种野鱼，分布于长江中上游的支流中，灰黑色，脊背花纹略似竹色，和冉遗鱼区别明显。

而《山海经》中的冉遗鱼为何"食之使人不眯，可以御凶"，不可得知。

冉遗鱼

大鹏
dà péng

　　大鹏，传说中的一种神鸟，且体形奇大无比。

　　《庄子·逍遥游》有云："北冥有鱼，其名为鲲。鲲之大，不知其几千里也。化而为鸟，其名为鹏。鹏之背，不知其几千里也。怒而飞，其翼若垂天之云。是鸟也，海运则将徙于南冥。"

　　北海里有鱼，名字为鲲，而鲲非常巨大，不知道有几千里。鲲化为鸟则为鹏，鹏的脊背大到不知道有几千里。振翅而飞的时候，翅膀如同挂在天边的云彩。在大海波涛翻涌之时，大鹏便乘风迁徙到南海。

在《神异经》中也记载了一种大鸟,云:"(昆仑之山)上有大鸟,名曰希有。南向,张左翼覆东王公,右翼覆西王母。背上小处无羽,一万九千里。西王母岁登翼上,会东王公也。"此鸟名曰希有,在昆仑之山,此鸟不会叫,也不吃东西,背上有一小块地方没羽毛,大有一万九千里。西王母每年坐一次,骑着它去见东王公。但并没有相关资料记载希有和大鹏是否同为一种鸟。

后世诗人多以大鹏借喻远大的前程和抱负。如李白的"大鹏一日同风起,扶摇直上九万里",便借大鹏来抒发其远大志向与豪放气概。

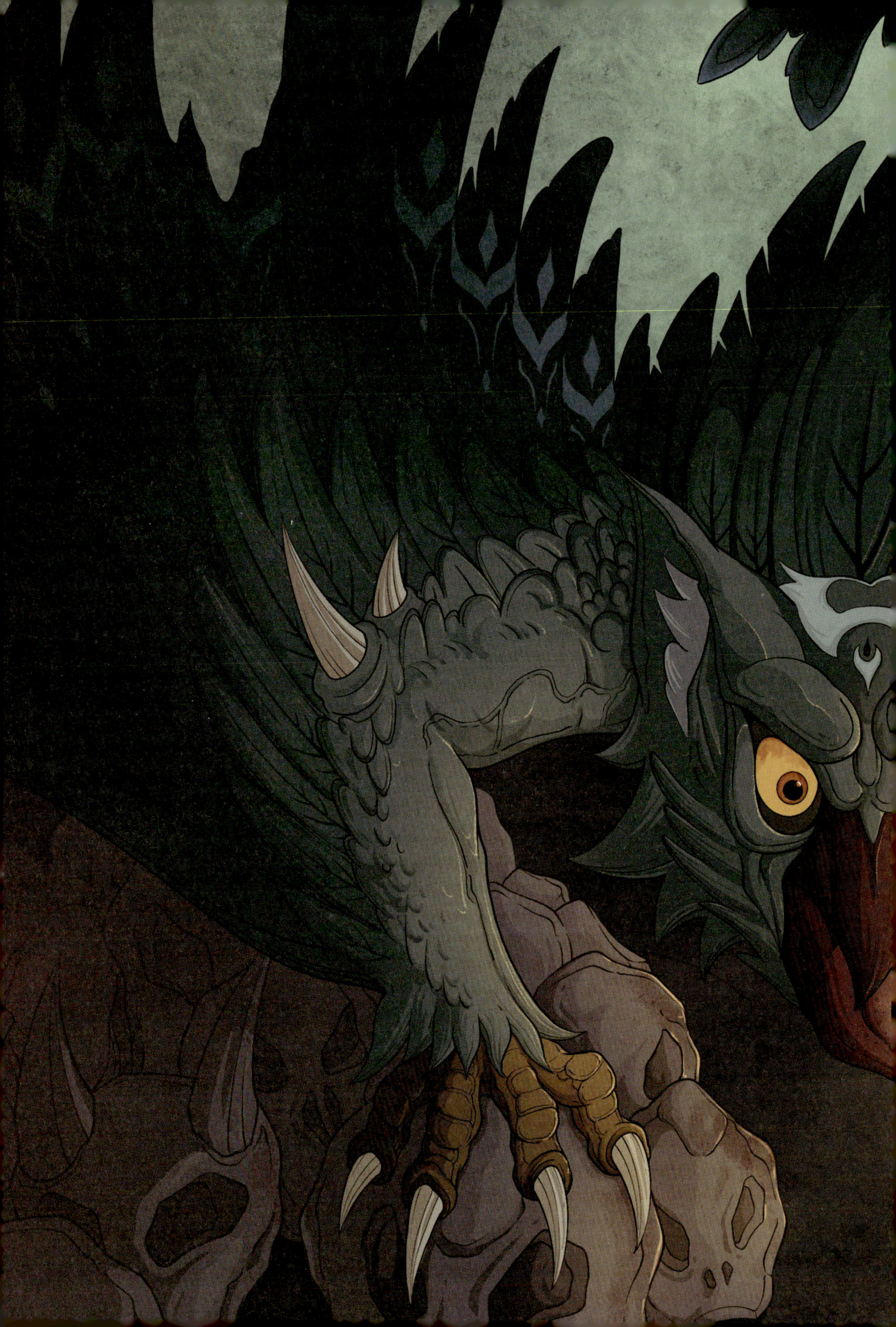

大鹏

鬼车
guǐ chē

鬼车，即九头鸟，也称"九凤""鬼鸟"。

今多认为鬼车有九个头，但在古代"首"并不完全是头的意思，很可能是指尾羽。凤的原型雉鸡以尾羽华丽著称。楚人崇凤，且以九为极阳之数，亦加以崇拜，则"九"和"凤"结合，遂成"九凤"。

在《岭表录异》中记载："鬼车，春夏之间，稍遇阴晦，则飞鸣而过。岭外尤多。爱入人家，烁人魂气。或曰九首，曾为犬啮其一。常滴血，血滴之家，则有凶咎。"

九头鸟本有十头，被狗咬掉了一个，至今滴血不止，血滴到谁家，谁家就遭灾。

鬼车

孰 shú hú 湖

《山海经》中记载："崦嵫之山……有兽焉，其状马身而鸟翼，人面蛇尾，是好举人，名曰孰湖。"孰湖生在崦嵫山，崦嵫山是太阳每天落下的地方。

孰湖的样子为马身而有鸟翼，有着如人一般的面孔和蛇一样的尾巴。

孰湖"好举人"，"举"可理解为攀援、载人，此处即是好把人举起，且孰湖"马身而鸟翼"，可见奔跑速度较快，应该是很好的坐骑。

孰湖

鹿蜀 lù shǔ

鹿蜀是《山海经》中记录的一种马形兽,即:"杻阳之山……有兽焉,其状如马而白首,其文如虎而赤尾,其音如谣,其名曰鹿蜀,佩之宜子孙。"

鹿蜀样子像马,长着白色的头,斑纹像老虎纹,尾巴是红色的,叫声像人在唱歌,人若佩戴它的毛皮,会多子多孙。

鹿蜀"其文如虎而赤尾",很可能是斑马,或者是斑驴,因为斑驴的尾巴也是褐色,符合"赤尾"的记载。

那么,鹿蜀到底是不是一种想象出来的动物呢,也不能马上下判断。秦朝末年,赵高曾"指鹿为马",其中的"鹿"就引起很多的讨论。有学者称所用的鹿即麋鹿,又称四不像,也有学者认为是鹿蜀,从《山海经》的描述看,鹿蜀的样子确实更像马。

晋代郭璞在《山海经图赞》中称:"鹿蜀之兽,马质虎文。骧首吟鸣,矫足腾群。佩其皮毛,子孙如云。"佩戴其皮毛可使其子孙昌盛并没有什么科学依据,这很可能是一种习俗,用来祈求多子多孙。

鹿蜀

狰 zhēng

狰是神话传说中的一种异兽。《山海经》中记载："又西二百八十里，曰章莪之山，无草木，多瑶碧，所为甚怪。有兽焉，其状如赤豹，五尾一角，其音如击石，其名如狰。"

往西二百八十里，有座山名章莪，不长草木，多产瑶、碧一类的玉石，实在过于奇怪。在山上有一种野兽，样子如同豹子，长着五条尾巴和一只角，它的声音如击石般铿锵，名叫狰。

在《山海经》中记载了很多长有一只角的怪兽，也就是独角兽，除了狰，还有驳、谨、兕、朧、㹔等。

古人特别欣赏独角兽，因只长一只角，可见忠心不二，所以中国古代独角兽的角大多长在脑门上，表示忠诚。

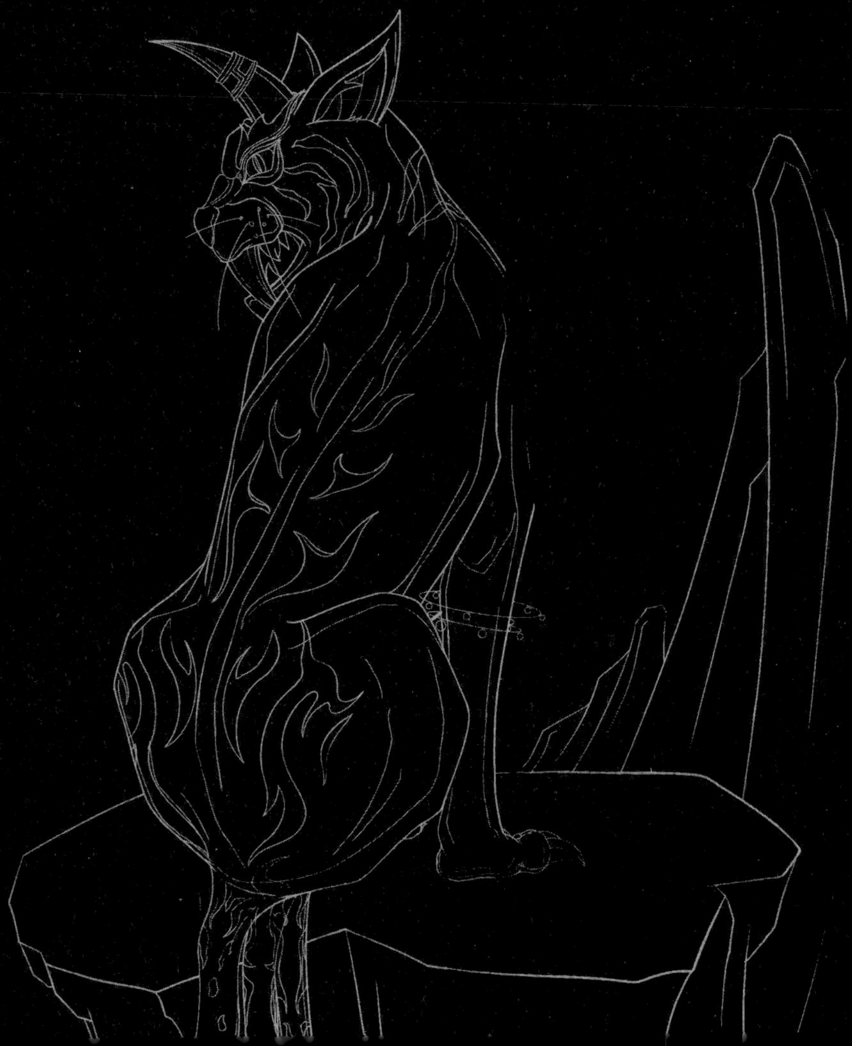

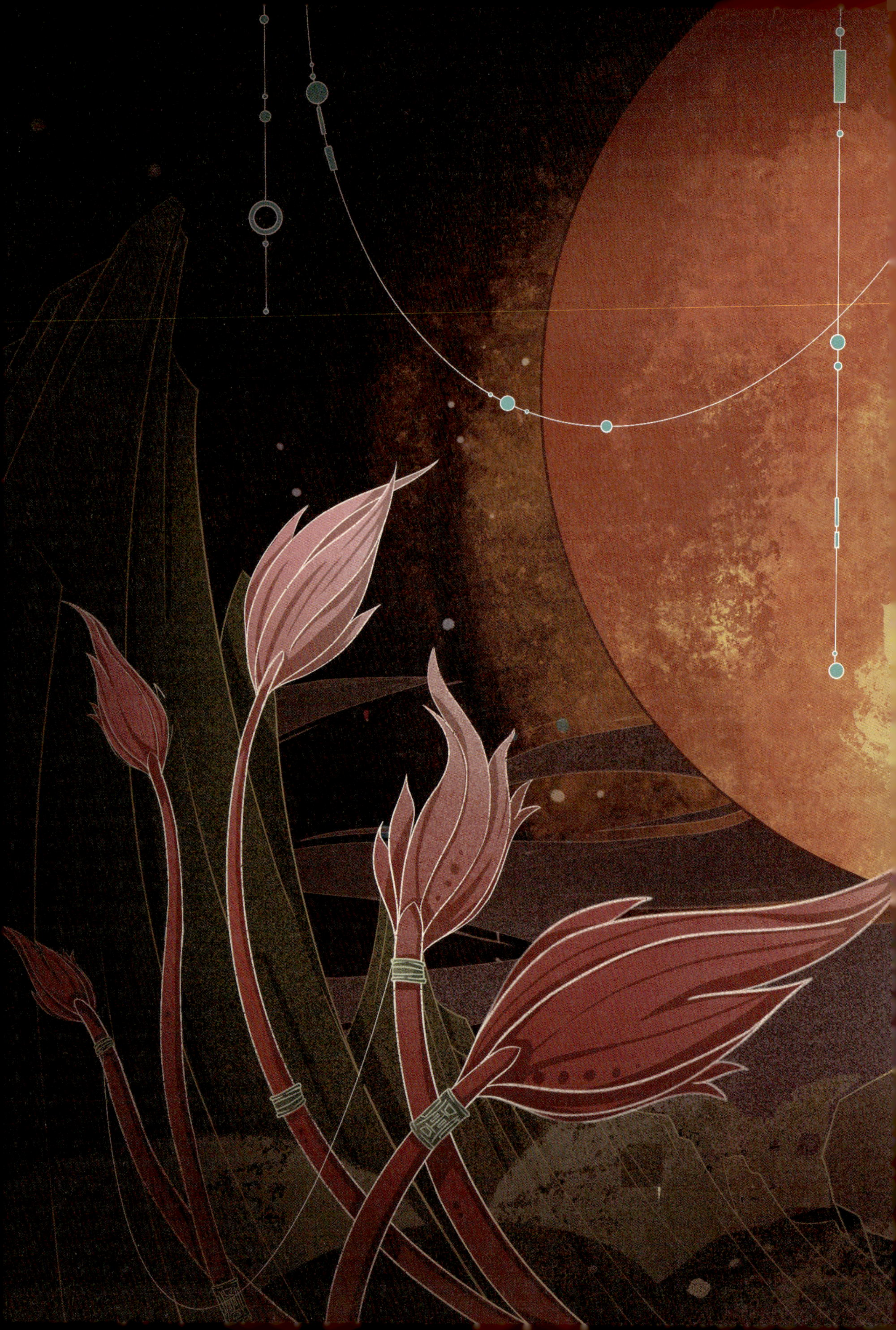

狰

领胡
líng hú

据《山海经》记载："有兽焉，其状如牛而赤尾，其颈䘽（本字为"上臤下月"，通"肾"），其状如句瞿，其名曰领胡，其鸣自詨（通"叫"），食之已狂。"

领胡长得像牛，尾巴却是红色的，脖子有肉瘤，很像斗的形状，叫声犹如叫自己的名字，所以人们称它为领胡，它的肉能治疯病。

春秋时，几乎不用"颈"这个字，提到颈部，通用"领"字，在《诗经》中，都是用"领"替代"颈"。直到战国时，"颈"字开始普及，不仅指脖子，还指颈状物，比如瓶颈等。

至于"胡",本意是指脖子的垂肉。
汉代《说文解字》中称:"领,项也;胡,牛顄(通"颔")垂也。"清代学
者郝懿行据此猜测:"此牛颈肉垂如斗,故名之领胡欤?"

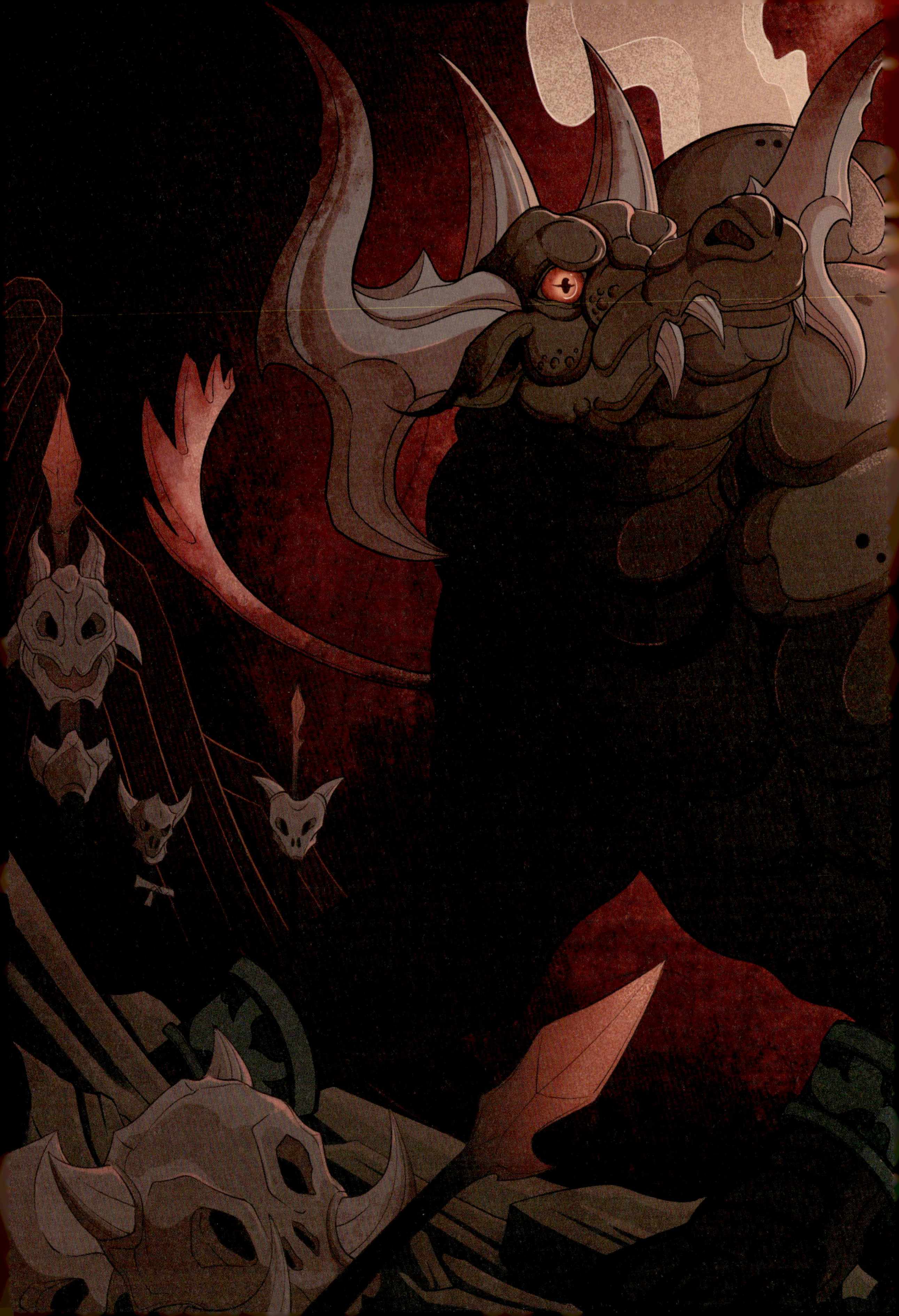

领胡

乘黄 chéng huáng

乘黄是传说中的一种神兽。据《山海经》记载："白民之国在龙鱼北，白身被（同"披"）发。有乘黄，其状如狐，其背上有角，乘之寿二千岁。"

白民国是帝俊的后人建立的一个传说中的国家，那里的人们皮肤白皙，披头散发。据明代徐应秋《玉芝堂谈荟》记载，白民国没有五谷，人们都靠种玉来果腹，国人将玉种在土地里就会长出叶子，这种叶子非常甘甜清脆，要是想喝酒的话，把玉屑泡在膏露里，可以酿成酒，这酒喝醉了可睡三年。国中有人寿达千年。从描写看，这种玉可能就是红薯。

传说白民国人的寿命很长，明代人认为是吃玉的缘故，《山海经》中则认为是与神兽乘黄有关。

在不同的书中，乘黄的样子变化很大。《山海经》中说它其状如狐，其背上有角，乘之寿二千岁。《周书》则说："乘黄者，似骐，背有两角。"不仅角多了一倍，样子也由"如狐"变成了"似骐"。《资治通鉴》中也有记载乘黄，称乘黄为一种神马，曾是黄帝的坐骑，有翅膀，后来只要是皇家的马，都被称为乘黄。

在《诗经》中，也有"叔于田，乘乘黄"的句子，但这里的乘黄不是专有名称，而是一乘为四马，乘黄即四匹马都是黄色的。

乘黄

甪 lù duān 端

甪端，也写作角端，是传说中的一种神兽，相貌似麒麟，头上仅一只角，传说能日行一万八千里，通四方语言。

《说文解字》中称甪端原产胡休国，郭璞则注解说："甪端似猪，角在鼻上，中作弓。"意思是甪端的角可以用来作弓。

中国古代多用筋角木反曲做弓，即将牛筋、牛角、竹木粘贴在一起，成为弓背，这样才能保证其弹力。做弓箭的牛角需极大，一般用水牛角，则甪端的角应与此相仿。

传说成吉思汗远征印度时，在铁门关遇到甪端，即"有一角兽，形如鹿而马尾，其色绿，作人言，谓侍卫者曰：汝主宜早还"。成吉思汗问耶律楚材，耶律楚材回答说："其名甪端，能言四方语，好生恶杀。"在耶律楚材的劝告下，成吉思汗收兵。此说在元代非常流行，但很可能是士兵厌战、文人编造的借口而已。

甪端逐渐演化成神兽，样子也变成独角、狮身、龙背、熊爪、鱼鳞、牛尾，身高数十丈。在皇帝办公的大殿上，御座两端都会设置甪端像，表示通晓天下事。因甪端出口即善，所以古代也用甪端的形象做香炉，烟从甪端嘴中出。

角端

雍 yōng 和 hé

雍和是带有预言性质的神兽。

在《山海经》中记载："又东南三百里，曰丰山。有兽焉，其状如蝯(yuán)，赤目、赤喙(huì)、黄身，名曰雍和，见则国有大恐。"蝯即猿。文中说雍和长着红眼睛、红色的嘴和黄色的身体，一旦出现，预示着国家会有大灾难。

雍和颇似短尾猴。短尾猴又叫红面猴，体型较大，眼圈都是红色，远望如"赤目"，毛色呈棕黄色，尾巴很短，确实像猿，且其多生活在高山地带，一般不易看到。但短尾猴的嘴巴并不是红色的。整体看，短尾猴和普通的猴子差别不大，不太容易引起人们恐慌。况且，短尾猴与大灾能有什么联系呢？

雍和

狌狌
xīng xīng

在古代，狌狌（音同生生，或音猩猩，在古代典籍中，有时直接写成生生，或写成猩猩）的知名度非常高，《山海经》也有记载："招摇之山……有兽焉，其状如禺而白耳，伏行人走，其名曰狌狌，食之善走。"

从《山海经》的记载看，狌狌"状如禺（即猕猴）""白耳""伏行人走"，既能匍匐爬行，又能像人一样直立行走，显然是一种猴子，可能是白头叶猴，也可能是金丝猴。金丝猴的体型比较大，叫声近似小儿啼哭，被古人视为奇兽。

狌狌

lèi
类

在《山海经》中，类是一种有趣的动物。据记载："亶爰(dǎnyuán)之山，多水，无草木，不可以上。有兽焉，其状如狸而有髦(máo)，其名曰类，自为牝牡(pìnmǔ)，食者不妒。"

类像野猫，但有长毛，雌雄同体，吃了它的肉，人就不再生妒忌心。

牝牡，在鸟兽中指雌性和雄性。《史记·龟策列传》中记载："禽兽有牝牡，置之山原；鸟有雌雄，布之林泽；有介之虫，置之谿谷。"

类"其状如狸而有髦"，会使人联想到香髦，即小灵猫。小灵猫动作敏捷，是夜行动物，它有芳香腺囊，可提炼香料。古人认为小灵猫的肉可以补益暖胃，常用来治疗疟疾、腰疼、胃疼等，至于"食者不妒"，可能是基于当时人们的认识而出现的一种说法。

类

㠭鼠
zī shǔ

㠭鼠名为鼠，却是《山海经》中的一种鸟，据记载："（枸状之山）有鸟焉，其状如鸡而鼠毛，其名曰㠭鼠，见则其邑大旱。"

㠭鼠样子像鸡，却长了一身鼠毛，它在哪里出现，哪里就会大旱。

㠭鼠生在枸状山。枸状山是东方第一列山系，多恶兽恶禽。在《山海经》中，引发大旱的鸟类均在北方，除㠭鼠外，还有颙（yóng）、鼓。

这些能引起旱灾的鸟，有的出身高贵（鼓），有的身份尚可（颙），还有的形象猥琐、异常低微（㠭鼠），可能是为了适应不同层次人民祈雨的需要。

蛰鼠

橐<small>tuó</small>蜚<small>féi</small>

橐蜚，《山海经》中记载："（ 㕍次之山 ）有鸟焉，其状如枭，人面而一足，曰橐蜚，冬见夏蛰，服之不畏雷。"

此鸟长得像猫头鹰，有人的面孔，一只脚，冬天出现，夏天则蛰伏，佩戴它的羽毛则不怕打雷。

古人认为猫头鹰是雷神，橐蜚貌似猫头鹰，应该也不怕雷。

橐蜚产于㕍次山，《山海经》中记载："㕍山神也，祠之用烛，斋百日以百牺（纯色牲畜），瘗（埋葬）用百瑜，汤（通"烫"）其酒百樽，婴以百珪（同"圭"）百璧。"祭祀㕍次山的规格极高，需斋戒一百天，用一百头纯色牲畜，埋一百块美玉，烫一百樽美酒，用一百块玉圭和一百块玉璧系在山神的脖颈上。如此隆重，在《山海经》中独见。

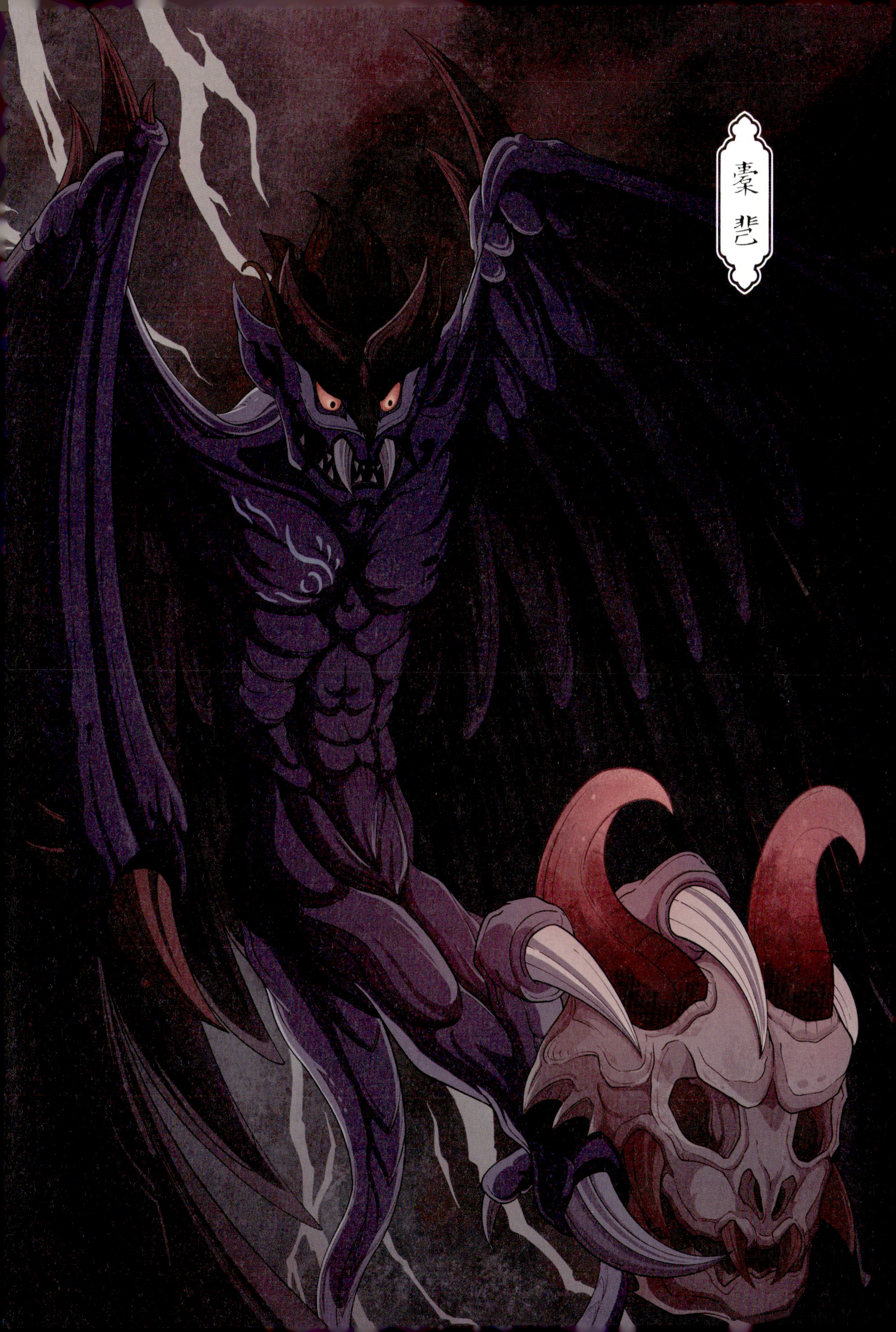
橐𩇯

jiǎo 狡

据《山海经》记载："有兽焉，其状如犬而豹文，其角如牛，其名曰狡，其音如吠犬，见则其国大穰（ráng）。"

狡这种动物像狗那么大，却长着牛角和豹纹，声音像狗叫。

穰在此的意思是"多"，看到狡，就意味着这个国家将五谷丰登。

那么，为什么古人如此喜欢狡呢？

人们熟知战国时"狡兔三窟"的故事。

齐国相国孟尝君让门客冯谖去薛地收债，并顺便买回家里缺的东西，冯谖却把债契全部烧毁，百姓对孟尝君感激涕零。冯谖回来说："狡兔有三窟，仅得免其死耳；今君有一窟，未得高枕而卧也。"这里的"狡"，并非狡猾而是指强壮、迅速。这可能与狡这种神兽有关。

那么，狡究竟是什么？

东汉学者许慎指出："匈奴地有狡犬，巨口而黑身。"可见，狡应是一种狗。先秦贵族多设专人养狗，狗被认为是"阳畜"，可以抵御阴的伤害。狗除了可以看家护院、打猎外，还是古人重要的肉食来源。在秦代封泥中，可见"狡士之印""尚犬""狡士将犬"等名目，应该都是专门负责养狗的官员。

狡应是特别强壮的一种狗，且比较罕见，所以古人认为狡一旦出现，就意味着丰年。

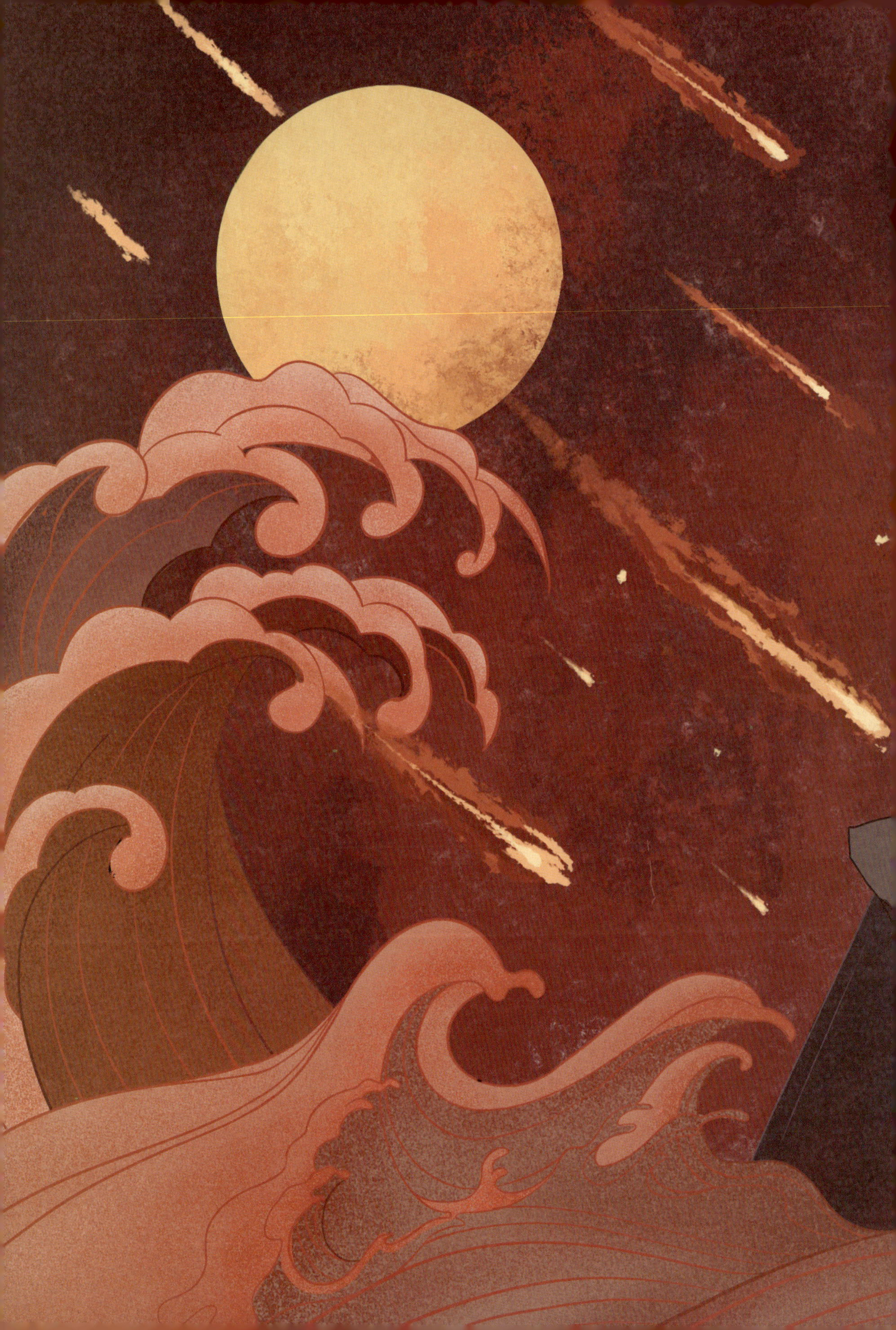

狨

鶀䳇
qí yú

据《山海经》记载："翼望之山……有鸟焉，其状如乌，三首六尾而善笑，名曰䳇鶀，服之使人不厌，又可以御凶。"

䳇鶀的样子有点像乌鸦，但有三个脑袋、六根尾巴，喜欢笑，吃了它的肉能使人不做噩梦，还能避凶邪。

古人给鸟起名，多取声为之，即"鸟名多是自呼"，所以䳇鶀的鸣声应近似"其途"，符合鸟类命名特征。

在《山海经》中，还有一种鹩䳗鸟（chǎng fū），和䳇鶀很相似，也是三头六尾，三个头因意见不合，经常互相搏斗，以致遍体鳞伤。吃了这种鸟的肉，可以不眠。但鹩䳗鸟的体型似鸡，大于䳇鶀，可见两种鸟并不是一种鸟。

鵸鵌

重明 chóng míng

重明鸟的记录最早见于晋代王嘉的《拾遗记》，称：尧帝时，祇支国进献此神鸟，又叫双晴鸟，形如鸡，鸣若凤，有时羽毛落尽，肉翅也能飞。重明鸟吃琼膏（即玉石做成的膏），能搏逐恶邪，为人们辟除猛兽、扫荡妖魔鬼怪。所以人们无不洒扫门户，在家中摆放琼膏，盼望重明鸟落在自家门上，但重明鸟多住在较远的地方，而且它非常恋家。为避免重明鸟不在时邪祟作恶，人们将重明鸟的样子刻在木板上，用来镇宅。后人画鸡，亦有此意。

从这段记录看，重明鸟很可能是从鸡变形而来。

汉代应劭在《风俗通义》中说："鸡主以御死避恶也。"从魏晋起，每到新年，人们会将苇茭（即芦苇做的绳索）、桃梗（桃木刻制的木偶）、杀死的鸡挂在门口，以禳灾，连宫廷都会这么做。

据说在中国新年风俗中，有些地区仍会贴鸡画于门窗上，即是盼望好运落在自家，扫除邪恶。

重明

希 xī yǒu 有

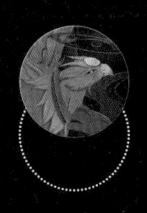

希有,古代传说中的异鸟,形体巨大。

在《神异经》中记载:"(昆仑之山)有大鸟,名曰希有。南向,张左翼覆东王公,右翼覆西王母。背上小处无羽,一万九千里。西王母岁登翼上,会东王公也。"

此鸟名曰希有,在昆仑之山,此鸟不会叫,也不吃东西,背上有一小块地方没羽毛,大有一万九千里。西王母每年坐一次,骑着它去见东王公。

显然,希有与《山海经》中大鹏的记载近似,则希有与大鹏究竟是否同为一种鸟,成为千古之谜。

唐代李白曾写过《大鹏赋》,云"俄而希有鸟见谓之曰:'伟哉鹏乎,此之乐也。吾右翼掩乎西极,左翼蔽乎东荒。跨蹑地络,周旋天纲。以恍惚为巢,以虚无为场。我呼尔游,尔同我翔。'于是乎大鹏许之,欣然相随。此二禽已登于寥廓,而斥鷃(yàn)之辈,空见笑于藩篱"。

希有的右翼展开能覆盖西方极远之处,左翼能遮挡东方极远之处,能跨越疆域,盘桓于天,以恍惚作巢,把虚无当场地,并唤大鹏一起游翔!大鹏高兴地同希有冲上辽阔的天空。那些斥鷃之辈,自己见识短小,还嘲笑大鹏和希有。

大鹏同希有同游,可见两者并非是同种鸟。

希有

数 shù 斯 sī

据《山海经》记载："皋^{gāo}涂之山……有鸟焉，其状如鸱^{chī}而人足，名曰数斯，食之已瘿^{yǐng}。"

数斯是一种药用鸟，样子像鹞^{yào}鹰，却长着人一样的脚，据说吃了它的肉可以治疗"瘿"。

"瘿"指什么？说法非常多，指甲状腺肿大，也指脖子上的脂肪赘瘤，但这些病显然是吃肉治不好的。相比之下，晋代著名学者郭璞的说法更靠谱，他注解说："或作痫^{xián}。"即认为"瘿"是癫痫病。

如今已知，癫痫是大脑神经元突发性异常放电造成的大脑功能短暂障碍，是一种慢性疾病，只能控制病情，无法治愈，吃猫头鹰肉也没用。但古人误以为癫痫病是阴魂附体，需要极阳之物镇压，猫头鹰在古代被认为是镇守阴阳界的神鸟，以为邪魅见到猫头鹰，必然被吓跑，所以认为"食之已瘿"。

数斯

豪 háo
彘 zhì

在《山海经》中，对豪彘只是一笔带过，即："又西五十二里，曰竹山，其上多乔木，其阴多铁……有兽焉，其状如豚而白毛，毛大如笄而黑端，名曰豪彘。"

笄是古人用来插头发的一种簪子，说豪彘的毛像它，且尖的地方是黑色，末端是白色，显然是豪猪。郭璞的注解更明了："貆（通'豩'，意为豪猪）猪也，夹髀，有麤（通"粗"）毫长数尺，能以脊上毫射物。"

豪猪在世界各地都有，且种类繁多，北美豪猪可上树。

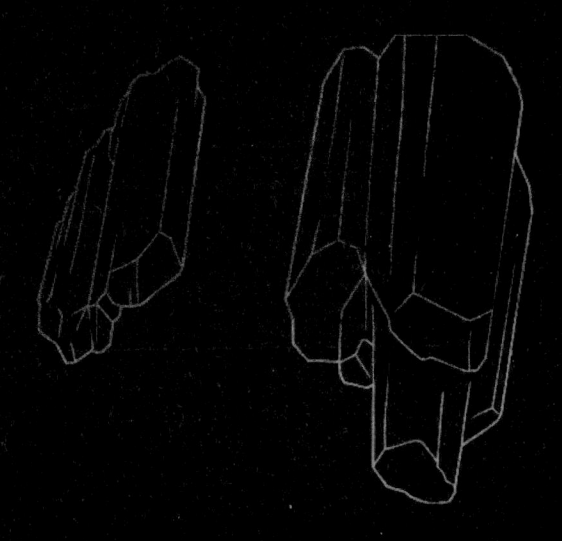

除了豪彘，在《山海经》中还记载了另一种叫彘的异兽，即："浮玉之山，有兽焉，其状如虎而牛尾，其音如吠犬，其名曰彘，是食人。"这种彘，颇似野猪。

从造字的角度看，"彘"字中有箭、短刀（匕）插入身体，可见它是古人常猎取的对象。

《山海经》中未将"彘"和"豪彘"混同，也未暗示二者有什么关系，这让后人迷惑。

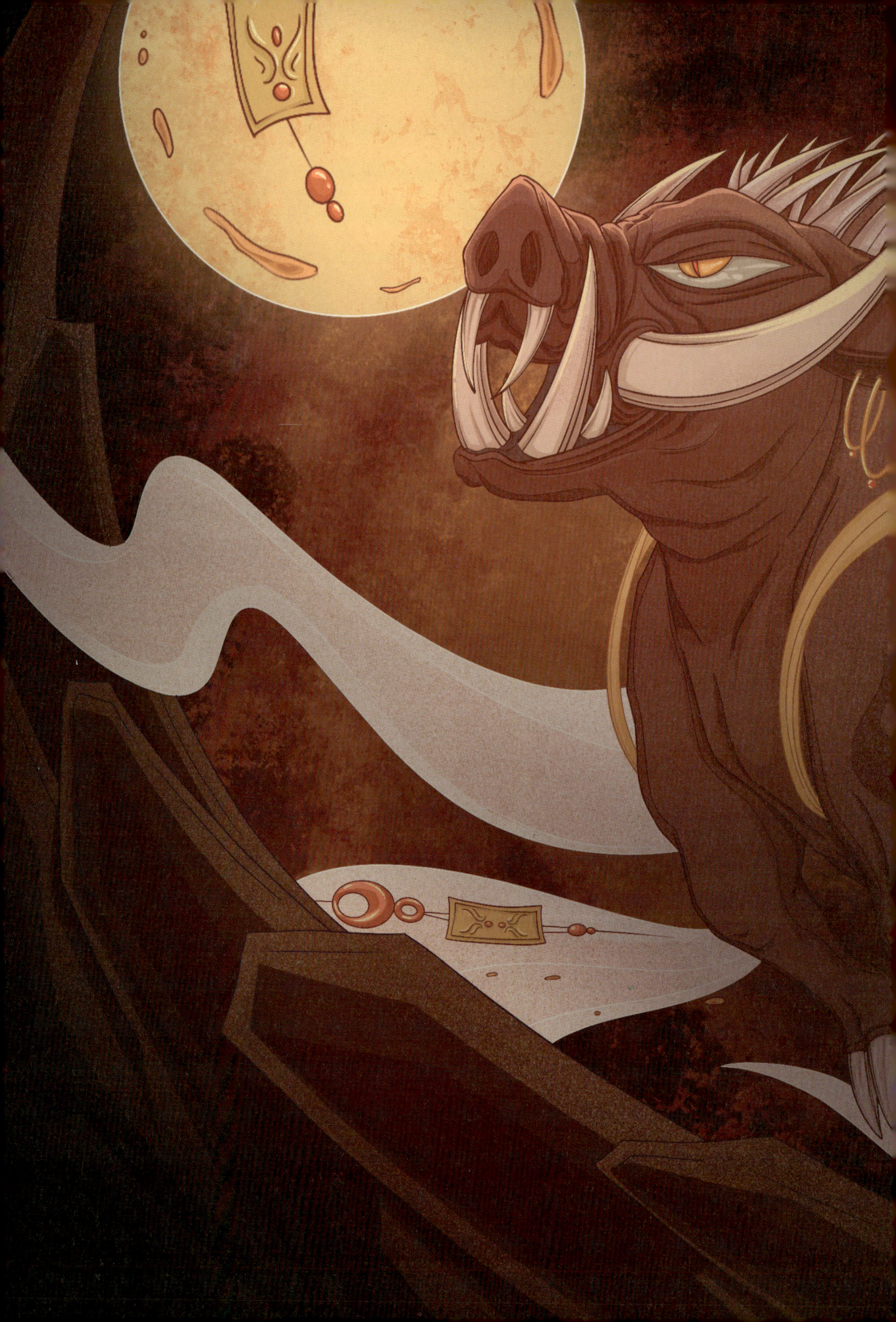

豪彘

絜钩
xié gōu

在《山海经》中记载:"有鸟焉,其状如凫而鼠尾,善登木,其名曰絜钩,见则其国多疫。"

凫,即是野鸭。絜钩是凶鸟,长得像野鸭,却有老鼠一样的尾巴,善于攀登树木,出现在哪里,哪里就容易出现瘟疫。

絜钩是如鼠一样的鸟,且会带来瘟疫,很可能是本身携带病毒,且易传播。古代人们多为群居,又无防护意识,很容易染上病毒,便以为此鸟出现在哪里,哪里就会有瘟疫。

絮
钩

孟极
mèng jí

在《山海经》中记载:"其状如豹,而文题白身,名曰孟极,是善伏,其鸣自呼。"

孟极样子像豹,额头上有花纹而身上的毛是白色的,善于潜伏隐匿,它的叫声如同在呼叫自己的名字。

从样子如豹、有花纹、白身来看,极似雪豹。雪豹身上有斑点,较模糊,远望如灰白色。而在《山海经》中,写色彩的词寥寥无几,灰白也算为白,且雪豹额头有明显花纹。

但古人对雪豹并不陌生,《尔雅》中称:"豹白色者,别名貘(mò)。"即为貘,那雪豹便不是孟极。

孟极

兕 sì

"兕在舜葬东，湘水南。其状如牛，苍黑，一角……兕兕知人名，其为兽如豕而人面。"这是《山海经》中对兕的记载，不论怎么看，都像犀牛。

但在《山海经》中另有记载犀牛："兕兕西北有犀牛，其状如牛而黑。"犀牛在兕的西北，长得比较像，但并不是同一种动物。

在《西游记》第五十回中有一段这样的描写："独角参差，双眸幌亮。顶上粗皮突，耳根黑肉光。舌长时搅鼻，口阔板牙黄。毛皮青似靛，筋挛硬如钢……细看这等凶模样，不枉名称兕大王！"这里对兕的描写更为详细，颇为一头犀牛，而在电视剧中，兕的形象也多为一头牛，为太上老君的坐骑。

那兕到底是不是犀牛呢？比较合理的解释是，兕是犀牛的一种品种。

一般认为，犀牛有两角，在脸的正面排列。兕则只有一角，这是二者最大的不同。

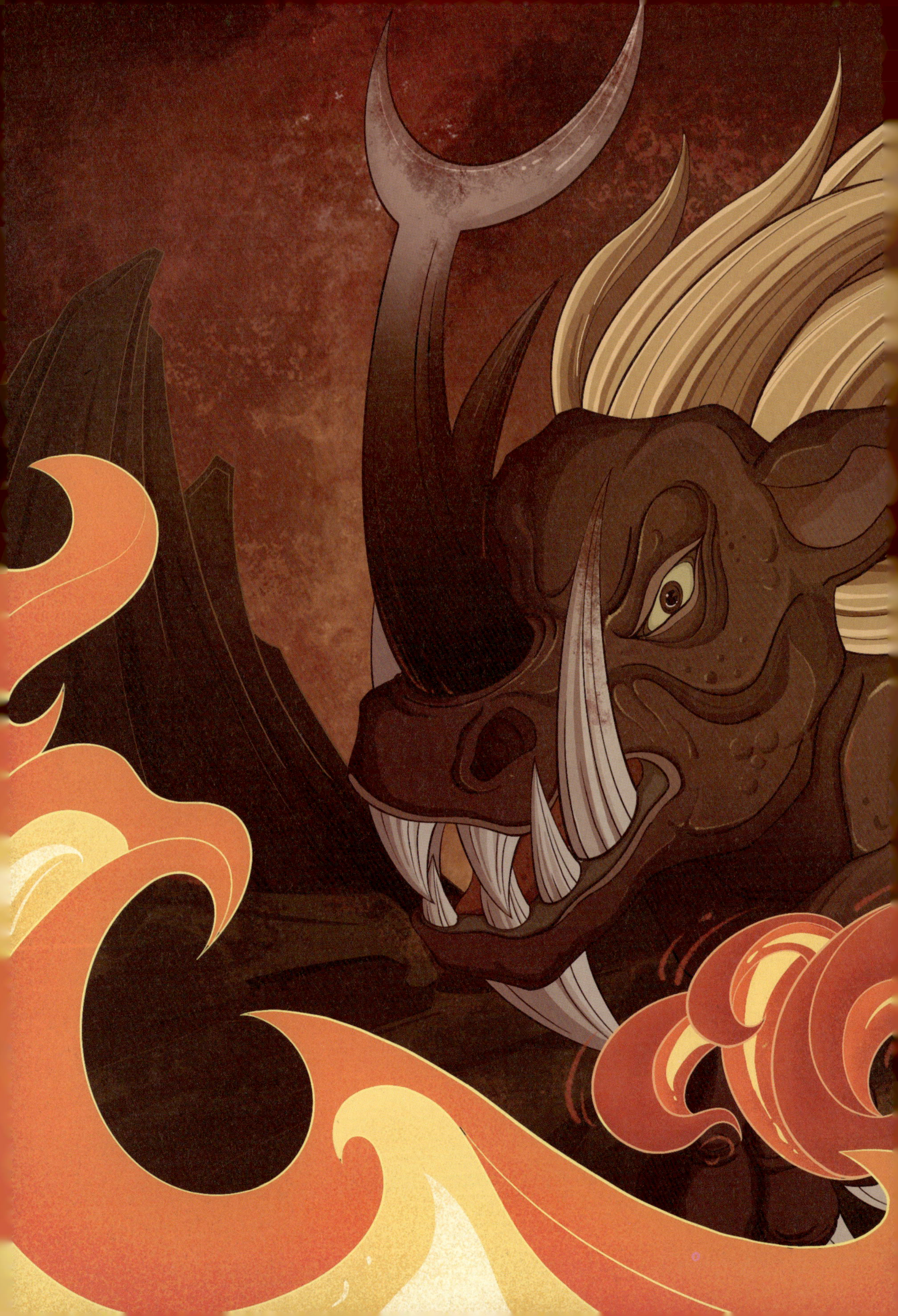

咒

貘 mò

古人所说的神兽貘究竟是什么，至今不明。在《尔雅》中有记载称："豹白色者，别名貘。"在《山海经》中未记貘，但记录了猛豹："又西百七十里，曰南山，上多丹粟。丹水出焉，北流注于渭。兽多猛豹，鸟多尸鸠。"而貘是否就为豹，不得知。

对于猛豹，郭璞注为："似熊而小，毛浅有光泽，能食蛇，食铜铁，出蜀中，豹或作虎。"古人记载十分矛盾，似豹又似熊。

到了唐代,白居易曾写过《貘屏赞》,说:"貘者,象鼻犀目,牛尾虎足,生于南方山谷中。寝其皮辟温,图其形辟邪。"是说貘这种动物,鼻子像大象、眼睛像犀牛、尾巴像牛、四肢像虎,生活在南方的山谷中。用它的皮作被褥可以防治风湿瘟疫,悬挂它的画像可以驱邪。

唐代人认为貘可以驱邪,遂将貘的皮制成坐垫或寝具,此外还有绘貘以避噩梦的说法,可见在唐代,貘应是常见之物。

獏

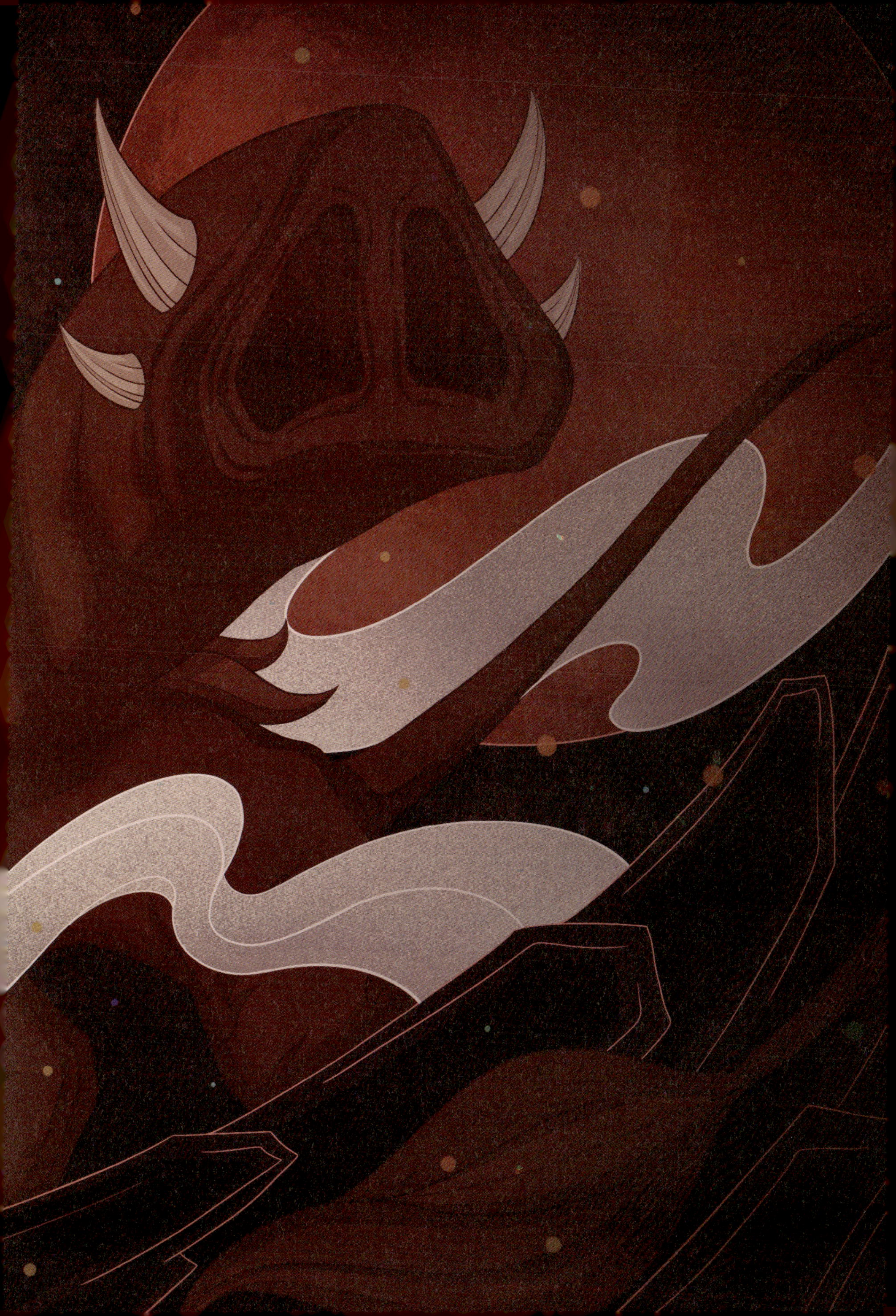

药兽
yào shòu

据《说郛》fú引元代陈芬的《芸窗私志》称:"神农时,白民进药兽。人民疾病则扪fú其兽,授之语,语如白民所传,不知何语。语已,兽辄如野外,衔一草归。捣汁服之即愈。后黄帝命风后纪其何草起何疾,久之如方悉验。古传黄帝尝百草,非也。故虞卿曰:'黄帝师药兽而知医。'"

神农时,白民国献上一只药兽,病人一摸它,它就会先说上一段话,然后去野外衔一株草回来。将草捣汁服用,患者的病就会好了。所以并非是黄帝尝百草,其实是药兽在帮忙。

传说药王孙思邈采药时曾随身携带,帮助辨识药物。

药兽

旋龟
xuán guī

旋龟是一种奇特的龟。

《山海经》中记载："怪水出焉，而东流注于宪翼之水。其中多玄龟，其状如龟而鸟首虺尾，其名曰旋龟，其音如判木，佩之不聋，可以为底。"

旋龟长着鸟头、蛇尾，声如劈木时的响声，据说佩戴它可以让人耳朵不聋，且能治足底老茧。

旋龟鸟头、蛇尾，很像现在的鹰嘴龟。鹰嘴龟是一种濒危的动物，它性格凶猛，嘴上有喙，犹如鸟，尾巴长，很像蛇。

在历史上，鹰嘴龟分布广泛，在东北的松花江也曾发现。龟类对大气压变化较敏感，雨前气压低，会成群出现在野外，所以古人认为龟出现是大雨的先兆。

有学者认为，旋龟即玄龟。关于玄龟有一个传说，是说大禹在治理洪水时，玄龟不请自来，和黄龙一同协助大禹治理洪水。玄龟身驮息壤，投向洪水。息壤落到地面后可迅速自我生长，很快就把洪水填平了。后来也有了"黄龙曳尾于前，玄龟负青泥于后"的记载。但旋龟与玄龟是否为同一种动物，并无过多资料考证。

旋龜

羬羊
qián yáng

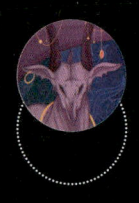

据《山海经》记载："华山之首，曰钱来之山，其上多松，其下多洗石（含碱之石，能溶解污垢）。有兽焉，其状如羊而马尾，名曰羬羊，其脂可以已腊。"

羬羊是一种有马尾的大羊。古代称六尺以上的羊为羬，可羊为什么长了一根马尾呢？

郭璞曾写道："月氏之羊，其类在野，厥高六尺，尾亦如马。何以审之，事见《尔雅》。"月氏是古代游牧民族，本活动于河西走廊、祁连山一带，后被匈奴驱逐到妫（guī）水（阿姆河）两岸，后来又向西建立了贵霜王朝。月氏的语言可能属于汉藏语系。

月氏人善养羊，羬羊在中亚很常见，即大尾羊，它的尾巴长得能拖到地上，据说"尾重十斤"。

李时珍在《本草纲目》中也有记录："哈密及大食诸番有大尾羊。细毛薄皮，尾上旁广，重一二十斤，行则以车载之。"

大尾羊的尾巴看上去像马尾，尾中多油，经过加工制作，可以食用，也可以用来当涂手油，冬天可以防止手部干裂，即《山海经》中所说"其脂可以已腊"。

羬羊

驩头 huān tóu

驩头，传说中的异人，也叫驩兜。

据《山海经》中记载："大荒之中，有人名曰驩头。鲧妻士敬，士敬子曰炎融，生驩头。驩头人面鸟喙，有翼，食海中鱼，杖翼而行，维宜芑苣，穋杨是食。"

在大荒之中，有人名叫驩头。鲧（gǔn）的儿子为炎融，炎融生驩头，驩头便是鲧的孙子。驩头长着人脸和鸟一般的嘴，捕食海中的鱼，有翅膀，但不能飞，把翅膀作为拐杖而行，常以芑（qǐ,似苦菜）、苣（qǔ,苣荬菜）、穋（lù,早熟的谷类）、杨（粟）为食。

雘头

yóng
颙

颙的本意是"头大",引申为大的样子。

在《山海经》中记载:"有鸟焉,其状如枭,人面四目而有耳,其名曰颙,其鸣自号也,见则天下大旱。"

颙是生活在中谷的一种鸟,样子像猫头鹰,长着一张人脸和四只眼睛,而且有耳朵,它发出的叫声就是"颙",它一出现,就会天下大旱。

中谷是孕育条风(即东北风)的地方,古人最怕夏季多东风,很可能出现大旱灾,即"春时东风双流水,夏时东风旱死鬼"。

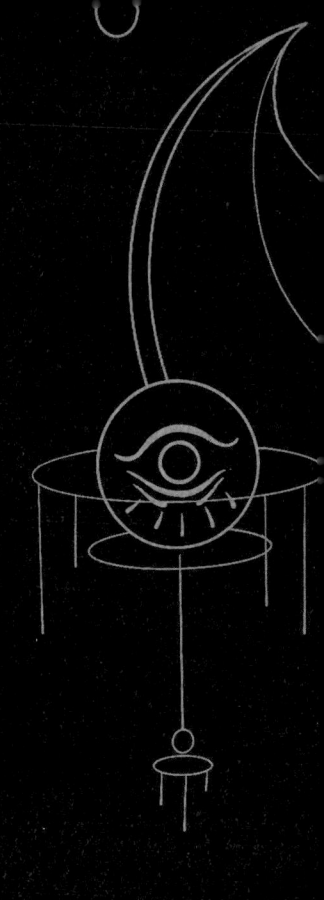

我国气候受东南季风影响,它将海洋蒸腾形成的水蒸气带入内陆,形成降雨。降雨往往集中在六月至八月间,占全年降雨量的百分之七十左右,如果此时不下雨,全年收成就很难保障。

　　为了祭祀神灵、驱除疫疠,古人发明出独特的"打颤"仪式,在《沙州官告、国信判官将仕郎、试大理评事王鼎启状》中有简单记载:"筵兼从打颤,倍增欣惬。来日守门趋赴。"即每年腊月初五祭祀,进行"打颤"活动。活动在郊外旷野进行,官员、民众皆参与,活动后还要聚餐。

颙

鱼妇

鱼妇
yú fù

在《山海经》中记载："有鱼偏枯，名曰鱼妇。颛顼死即复苏。风道北来，天乃大水泉，蛇乃化为鱼，是为鱼妇。"

这种鱼颇为奇怪，半身偏枯，一半是人，一半是鱼，名叫鱼妇。据说是颛顼死后复苏，变化而成。

颛顼是黄帝之孙，上古五帝之一，在他死去时，有大风从北面吹来，海水奔流，蛇将变成鱼。而死去的颛顼即趁此时，投身到鱼的躯体里，为此死而复生。

古人是相信生死循环的。

通过观察自然界，古人发现昆虫能从虫到蛹、从蛹到蝶，以为这是普遍适用的规律，所以将死亡看成是蛹的阶段，迟早会羽化重生。在汉代，皇族死亡后，都会放入金缕玉衣中。金缕玉衣其实是用小玉片串联而成的匣子，模仿了蛹。

可见，鱼妇很可能是人们深信生死循环而编出来的，不太像是真实存在的生物。

kūn
鲲

鲲是传说中的一种大鱼。

记载最早的为《列子·汤问》，文中说："终北之北有溟海者，天池也，有鱼焉，其广数千里，其长称焉，其名为鲲。"

《庄子》中有一篇《逍遥游》，其中也记载了鲲，说："北冥有鱼，其名为鲲。鲲之大，不知其几千里也。化而为鸟，其名为鹏。"

传说北方大海中有一种鱼，名字叫鲲。鲲很大，大到不知有几千里。鲲化而为鸟，名字叫鹏。

鹏，乃是一种大鸟。李白在《上李邕》中写道："大鹏一日同风起，扶摇直上九万里。"鲲和鹏都十分巨大，一个生活在海里，一个遨游在空中，二者到底是否是同一种生物、有什么关系，并不得知。

现如今，鲲、鹏多为志趣高远、追求自由的象征，承载着人类超越自身的精神品格。

鯤

横 héng 公 gōng 鱼 yú

横公鱼是传说中的一种怪鱼。

在《神异经》中记载:"北方荒中有石湖,方千里,岸深五丈余,恒冰,惟夏至左右五六十日解耳。有横公鱼,长七八尺,形如鲤而赤,昼在水中,夜化为人,刺之不入,煮之不死。以乌梅二枚煮则死,食之可止邪病。其湖无凸凹,平满无高下。"

横公鱼产自北方大荒中的一个名为石湖的湖中,该湖一年四季结冰,只在夏至前后解冻五六十天。横公鱼长七八尺,像鲤鱼,但色泛红。它白天在水中游,晚上变成人的模样。横公鱼刀割不开、枪扎不透、百毒不侵,煮也煮不死,但在锅中放入两颗乌梅,它则立刻死亡。吃了横公鱼,可以祛邪病。

横公鱼

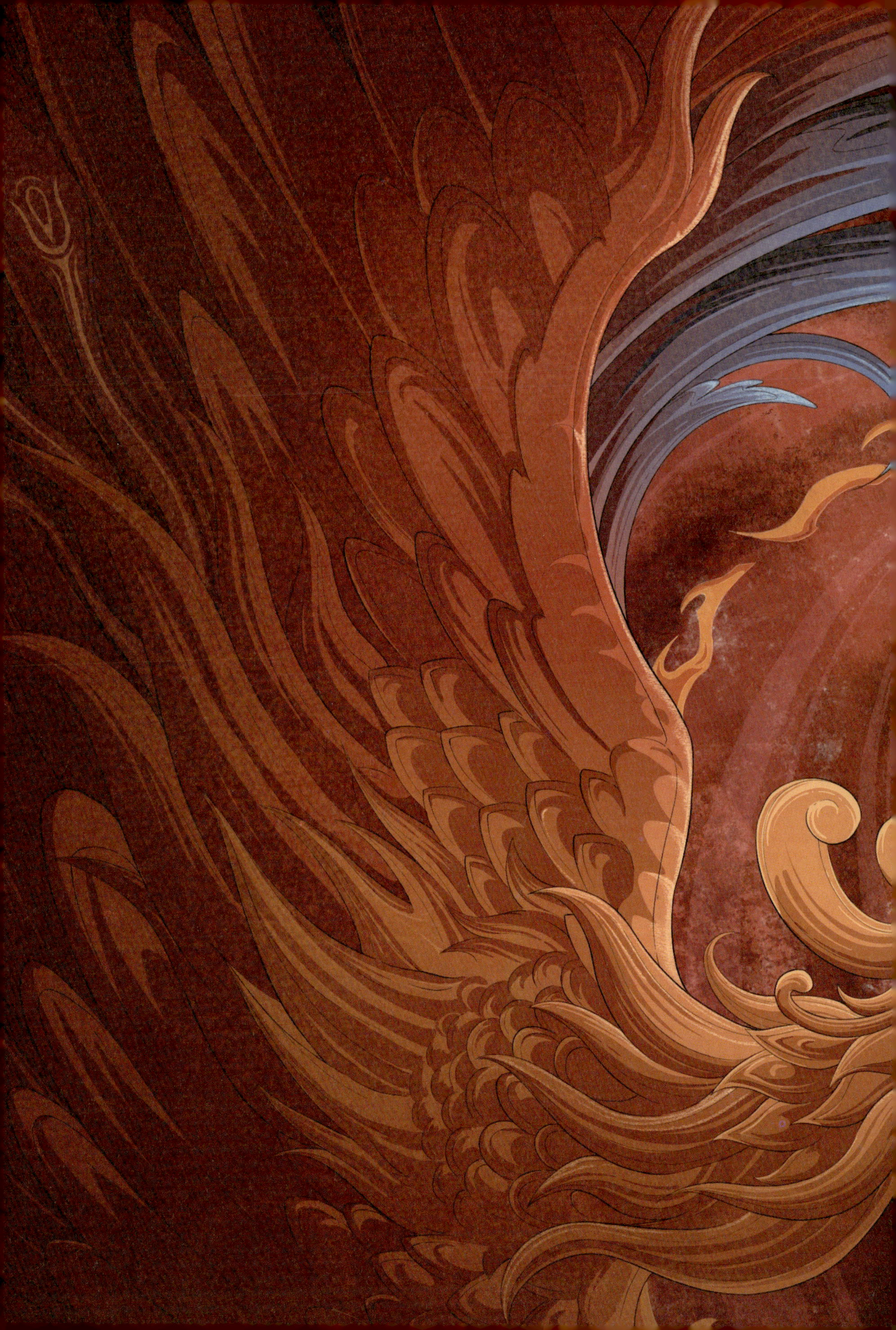

妖艳魅惑

第二卷

危狐
wēi hú

危狐是一种威力不大的妖,在《搜神记》中提到过。

传说谯(qiáo)县人(即亳州,今属安徽省)夏侯藻的母亲病重,夏侯藻准备出门去找算卦师淳于智。出门时,见一只狐狸站在门口,冲他嚎叫。夏侯藻连忙去找淳于智问怎么回事,淳于智说:"你家要出大事了,赶快回去,在狐狸嚎叫的地方拍着胸口大哭,让家里大人小孩都出来看,只要一个人不出来,你就不能停。"

夏侯藻回家后,立即照做,连生病的母亲都出门来看,这时,他家的五间房突然都倒塌了。

原来,那只狐狸叫危狐,冲哪里嚎叫,哪里的房子就会倒塌。

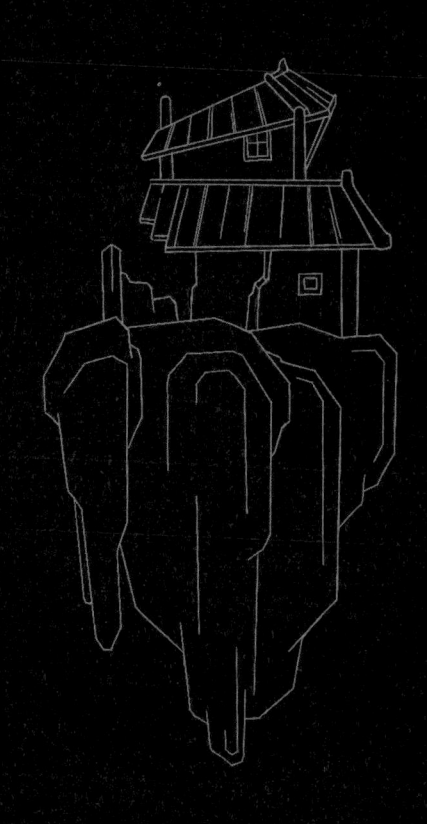

古代多用土坯建房，遇雨辄塌，属于常态。土坯房倒塌对人生命的威胁相对小，因古人建房多用大木架支撑，所以"墙倒屋不塌"，且土坯较轻，对人体的伤害不及砖头、石材等。所以，《搜神记》中也不把危狐看成十恶不赦的鬼怪。

至于危狐长什么样，《搜神记》中未记，其他的书也未载，可能看上去就是一只普通的狐狸。

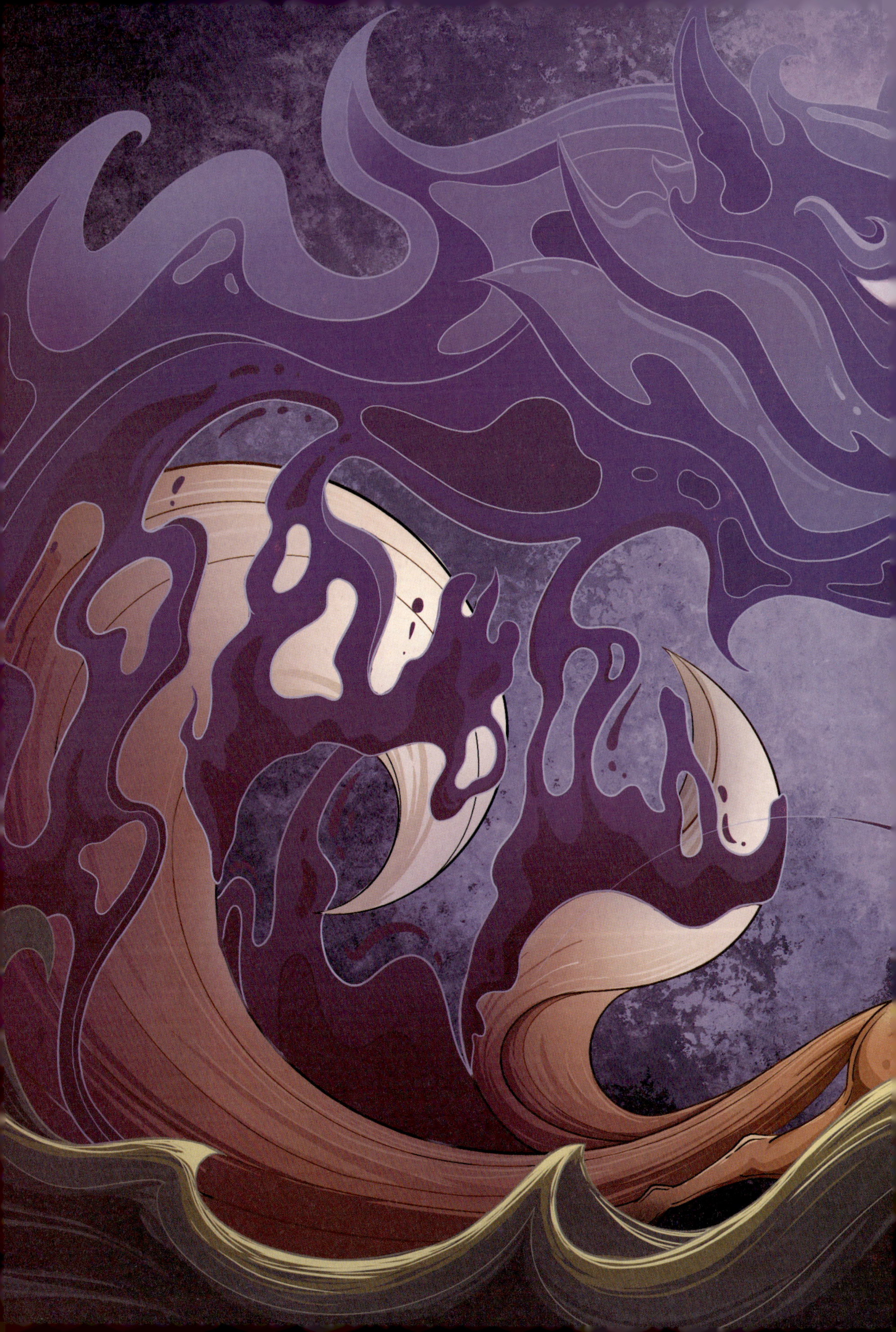

危狐

九婴
jiǔ yīng

　　九婴是上古传说的怪兽，最早见于《淮南子·本经训》，其中记载："逮至尧之时，十日并出。焦禾稼，杀草木，而民无所食。猰貐(yà yǔ)、凿齿、九婴、大风、封豨(xī)、修蛇，皆为民害。尧乃使羿诛凿齿于畴华之野，杀九婴于凶水之上，缴大风于青丘之泽，上射十日，而下杀猰貐，断修蛇于洞庭，擒封豨于桑林。"文中后羿所灭的"六害"即：龙首虎爪的猰㺄(《尔雅》作"猰貐(yà yǔ)")、野猪封豨(通"豨"，意为大野猪)、人身兽面的凿齿、修蛇、九头怪九婴、巨型鸟大风。

　　在尧统治之时，有十个太阳一同出来。阳光晒焦了庄稼，花草树木枯死，百姓连吃的东西都没有，猰貐、凿齿、九婴、大风、封豨、修蛇等又来祸害人民。

尧派后羿在荒野诛杀凿齿，在北方凶水杀九婴，在大泽青邱射杀大风，射掉九个太阳。接着又杀死猰貐，在洞庭湖砍断修蛇，在桑榆擒获封豨。

东汉学者高诱注解称九婴是水火之怪，能喷水吐火，叫声如婴儿啼哭，在尧帝时出没，危害人间，所以尧帝派后羿将他射杀于凶水中。

揆诸史实，六害很可能是上古六个部落，不服尧帝的管理，且都在尧都附近，构成直接威胁，所以被清理。比如九婴，毙命于凶水，凶水属北狄，在今太原附近，而尧帝的都城在今临汾市附近，二者相差仅两三百公里。

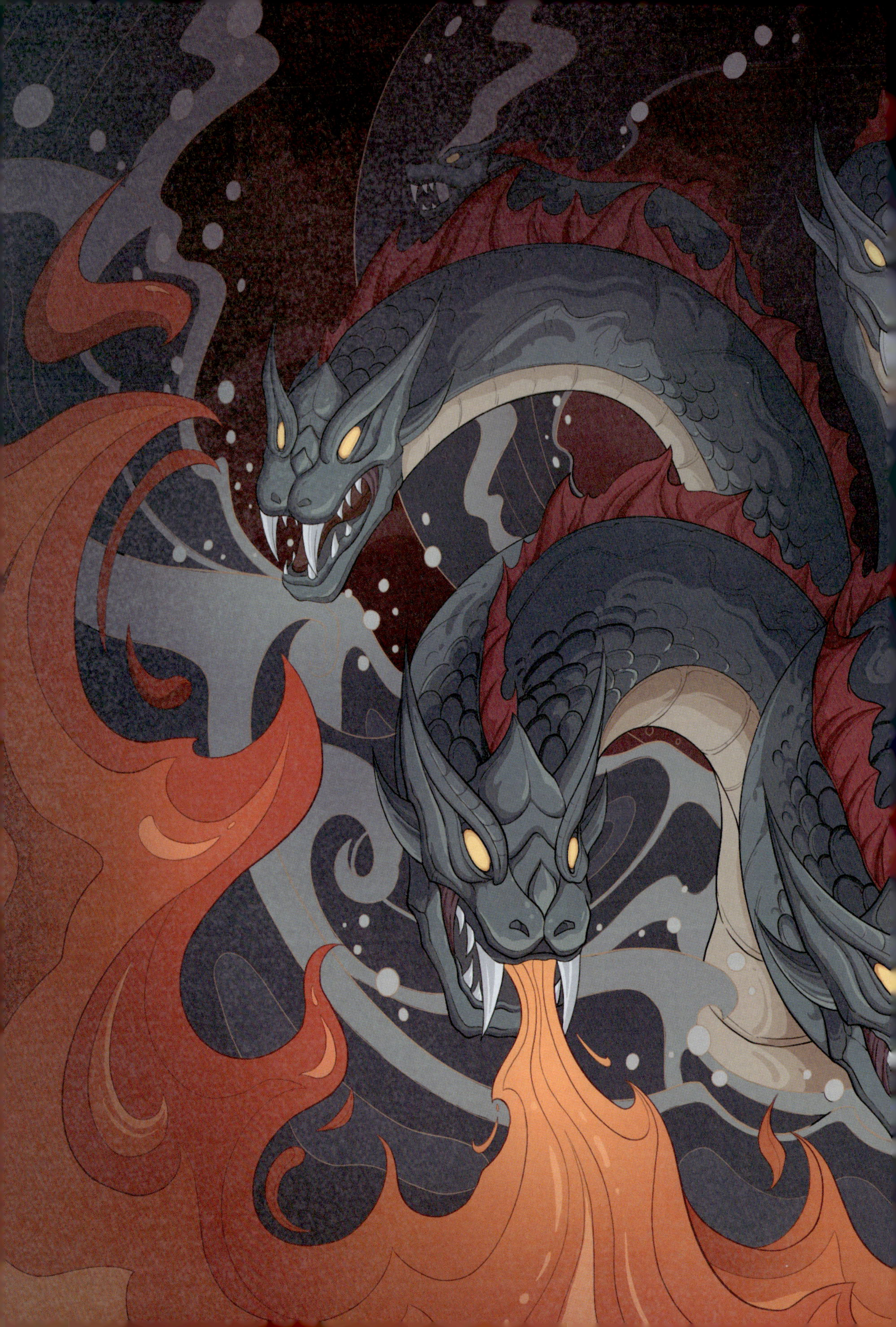

九嬰

贲羊
bēn yáng

贲羊是《国语》中记载的怪兽，后在《搜神记》中也有记载"季恒子挖井得贲羊"之事。

据说春秋时季桓子打井，得到一个小土缸，里面有一只羊，便问孔子："打井却得到一只狗，这是为什么？"孔子回答说："应该是羊，是土中之怪。"可见在当时，贲羊被认为是恶兽。

到了汉代，贲羊的身份突然转变，成了土神。《广雅·释天》称："土神谓之羵羊，水神谓之网象（罔象），木神谓之毕方，火神谓之游光，金神谓之清明。"（fén）

一般来说，贲羊属祥瑞，称为玉羊。贲羊出现，意味着五谷丰登。三国时，孙皓称帝，还拿贲羊出土当成上天惠顾。

可到了晋代，贲羊又成了怪物。比如在《搜神记》中便写道："木石之怪，夔、蝄蜽；水中之怪，龙，罔象；土中之怪，曰贲羊。"（kuí wǎngliǎng）

贡羊

夜明 yè míng

夜明之说古已有之，蒲松龄的《聊斋志异》叙述较详。

《夜明》的大意是说：

有商人乘船在南海行驶。夜至三更，船舱内突亮如天明，商人忙开窗看，见海中有怪物，半身露出水面，身体大如山，眼睛像两个太阳，光芒四射。

商人忙问船家，但无人知是怎么回事。一会儿，怪物渐沉入水中，天又暗下来。

后来商人到了福建，人们议论某夜突变亮，继而又变黑，推算时间，与商人在船上看到的，是同一天。

在大自然中，存在夜明现象。海上强台风过后，电离作用使水分子中的氢氧原子暂时分开，在静电作用下，可能引起短时间的爆炸、燃烧。

蒲松龄所记夜明事件，发生在中国南海，正是台风较多地区。夜明持续时间短，较罕见，且一般看不到火苗，天海相接，强光照亮云层，犹庞然大物。

古人可能少见多怪，遂把夜明这种罕见的物理现象，理解为怪物出没。

夜明

金华猫
jīn huá māo

猫因个性独立、喜夜间活动，眼睛反光，被疑为鬼类。

在《夷坚志》中，记录了猫魈（xiāo）的故事。

杭州人周五的女儿，忽日夜不眠，一到晚上，便反复化妆，穿新衣，半夜喃喃，似与人谈话。修仙者得知，说："这是猫魈。"用法剑斩其首，女孩才醒过来。

猫魈不是妖，而是魈，魈是半透明状山精，附身于猫，使人得病。宋代已认为金华盛产猫魈，遂有"金华猫妖"一说。

清代褚人获的《坚瓠（hù）集》则有更详细的描述，大意说金华猫养三年后，每逢月圆，去屋顶吸月华，久之成妖，入深山修炼，昼伏夜出，日落则出山魅惑人，遇女变美男，遇男变美女。金华猫到人家中，先对水缸撒尿，人喝了这水，便看不见它的身形。被金华猫祸害的人日久成疾，诊断方法是：夜穿青衣睡觉，如天亮见衣上有猫毛，说明金华猫在作祟。找猎人带狗到家中捕猫，并将猫肉喂给病人吃，即康复。如是男患者捕到雄猫，或女患者捕到雌猫，则无效。

看来，金华猫的传说是层积而成。宋人议论较模糊，清人则异常清晰。但越清晰，人们就越信以为真，以致在金华，无人敢养白猫。据说清代著名词人纳兰性德说："金华人家忌畜纯白猫，能夜蹲瓦顶，盗取月光，则成精为患也。"

金华猫

霹雳 pī lì

霹雳始于晋代,《搜神记》中有记录。

晋朝时,扶风郡(今属陕西省扶风县、池阳县)有个叫杨道和的人,夏天在田中耕种,遇雨,至桑树下躲避,见雷电劈来,便挥舞锄头抵挡,没想到一击之下,雷电现了真身,原来是一只像猕猴的异兽,腿被打折,无法再上天了。

《搜神记》中称它为霹雳,"唇如丹,目如镜,毛角长三寸余,状似六畜,头似猕猴"。霹雳红嘴唇,眼睛像镜子一样亮,毛和角都有三寸多长,身子像家畜,头像猕猴。

晋代之前,怪兽多生活在无人类活动的山川湖海,不与人直接发生关系。可到了《搜神记》时,怪兽则经常闯入人的生活中,模仿人类的生活习惯,甚至洞察人性,而人也能战胜它。

一方面,这可能是受佛教传入影响,认为众生平等,万物的本质是相同的,皆在轮回中。

另一方面,从汉代到唐代,中原多战乱少和平,人民远遁山林,与野生动物争夺生存空间,灵怪之说遂盛行。

霹靂

人蛇
rén shé

在世界各地的先民神话中，蛇占据了非常重要的角色。伏羲、女娲就被绘成人首蛇身的形象。

在《山海经》中，多次提到蛇，可见蛇的影响力之大。

在《山海经》中，肥遗是带翅膀的蛇，有六只脚四只翅膀；孰湖则马身蛇尾，有翅膀，却长着人脸；单狐之山上，"其神皆人面蛇身"；管涔之山上，也是"其神皆人面蛇身"；女子国北，也有人面蛇身；钟山之神烛阴，也是人面蛇身。这些人面蛇大多长着翅膀，在山中活动。

有些神虽然不是蛇，但闲着没事手里也会拎条蛇，或盘条蛇，以表示自己功力深厚。

关于人蛇，清代陈元龙的《格致镜原》称："人蛇，长七尺，色如墨。蛇头、蛇尾、蛇身，尾长尺许，但人手人足，长三尺。人立而行，出则群相聚，遇人辄嘻笑，笑而已即转噬。然行甚迟，闻其笑即速奔可脱。"

从这段记录看，可能是大蜥蜴之类的动物。清代海外交流发达，东南亚的奇异动物常舶来，陈元龙或道听途说，记成人蛇。

人蛇

九尾蛇 jiǔ wěi shé

九尾蛇是清代才有的传说，见于袁枚的《续子不语》，大概是说纸贩茅八年轻时到江西进货，当地纸厂多在深山中，工人们天未黑便关门闭户，并提醒茅八，晚上千万别出门，有怪兽。

一天晚上月色皎洁，茅八睡不着，自恃武艺好，就出厂闲逛，遇到几十只猴子哭叫着跑来，拼命爬到树上。茅八害怕，也爬上了一棵树。

不一会儿，看到一条大蛇，有拱柱那么粗，眼睛发绿光，身上的蛇鳞如鱼鳞般坚硬，长着九条尾巴。行走时，尾巴相撞，发出铁甲碰撞般的声音。它的每条尾巴尖上都有一个小孔，能喷毒液，射向树上的猴子。三只猴子被毒液射中，当即坠地，蛇吞下它们后，扬长而去。茅八吓坏了，此后再不敢夜出。

袁枚的志怪小说多来自文献记载或道听途说，名为《子不语》《续子不语》，取意自《论语》中的"子不语怪力乱神"，就是说孔子从不说怪异、勇力、叛乱、鬼神之事，所以袁枚要替他说。显然，袁枚认可这些记录的真实性。

然而，每个传说者都会根据他自己的理解方式进行加工，几经转述，遂与事实越来越远。

九尾蛇

huàn
患

患是《搜神记》中记录的一种怪物。

据记载,汉武帝东游时,还没出函谷关,便遇到一只怪物挡在前面,身长数丈,有点像牛,眼睛发光,四足插在土中,怎么推也推不走。百官惊骇,东方朔用酒灌它,灌了十多斛(hú)(古量器名,也是容量单位,十斗为一斛),它就自动消失了。汉武帝问其缘由,东方朔回答说:"这个怪物叫患,忧气所生,此地应是秦朝的监狱,要么就是秦朝的罪犯工场,所以忧气特别重,而酒能解忧。"

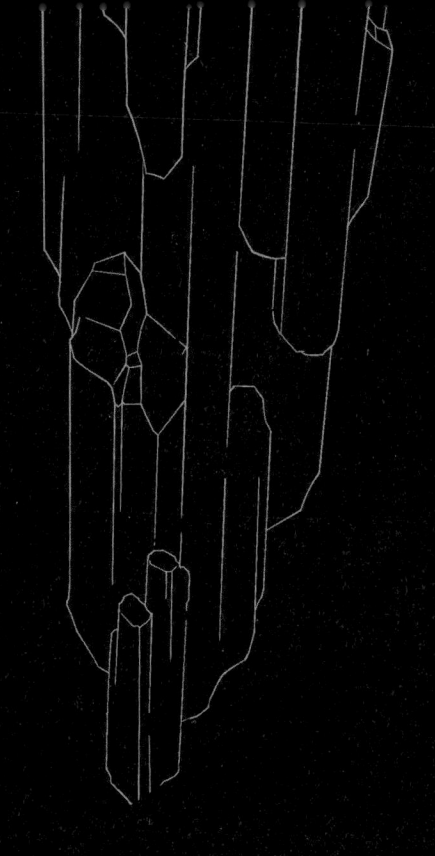

可见，患是忧气所生的妖怪，样子如同几丈长的牛，眼睛黑而发亮。患忧常会横挡在道路中阻拦过路人，四只脚深陷土中，很难挪动。酒能忘忧，所以可消。

在当下，"患"一词也有忧患、忧心等意思，可见患这一怪物的出现，反映了天下大乱时，民生艰难，忧思成患。

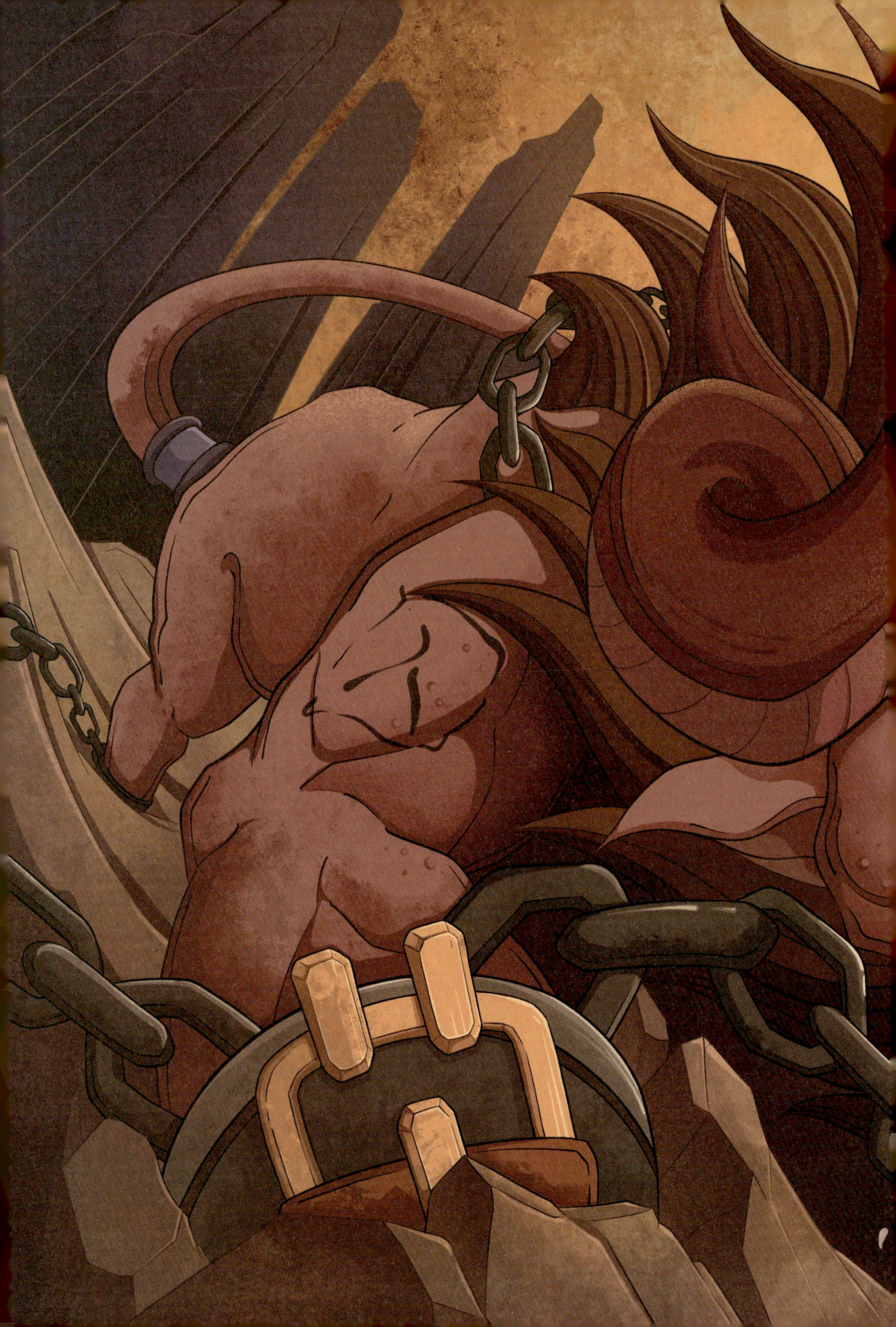

患

猪 zhū 妖 yāo

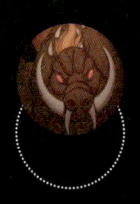

猪妖，由猪变化而成的怪。

猪妖的最早记录出现在《搜神记》中，其记载："晋有一士人姓王，家在吴郡，还至曲阿，日暮，引船上，当大埭，见埭上有一女子，年十七八，便呼之，留宿。至晓，解金铃系其臂，使人随至家，都无女人。因逼猪栏中，见母猪臂有金铃。"故事中的女子便是由猪妖所化。

在唐代牛增孺所著的《玄怪录》中也记载了猪妖的故事，称唐代名将郭元振青年时路过某院，听见里面有少女哭泣，便问究竟。原来附近有个乌将军，

每年娶一当地年轻女子为妻,无人敢反抗,现在轮到这位少女当新娘了。郭元振听后大怒,便假扮少女,躲在房中。

当晚,有黑影入屋,郭元振一刀砍掉其手臂,黑影转身就跑。郭元振仔细看砍下来的东西,竟是一条猪腿。

随后,郭元振带村民循血迹寻找,在一个荒坟中,将少了一条前腿的黑猪杀死。

猪妖

画马

画马
huà mǎ

此怪见于《聊斋志异》。

山东临清书生崔某家穷，院墙破败，每晨见一马躺在草地上，尾乱，似遭火燎。崔生以为是别人家的马，屡次将它轰走。后为看望在远方当官的好友，便骑此马而行，路人无不赞此马雄壮。被晋王得知，重金求购，崔生不敢不卖，得八百两白银，另购骡子还乡。

不久，晋王的校尉骑马到临清办事，马突然逃入崔生的邻居曾某家，校尉索赔，崔生往观，发现曾某家的墙上挂着一幅《赵孟頫绘马图》，马尾被香火烧了一点。遂知自己卖掉的马，乃此图所化。

崔生自卖马后，转做生意，已赚万金，便帮曾某出钱，使他免于被校尉的纠缠。

蒲松龄为什么要写这个故事？画的马为何能成神？这个故事隐喻着什么？历来说法不一。美国著名学者杰姆逊在《后现代主义与文化理论》中，特对《画马》进行了分析。

杰姆逊认为,《画马》表达了钱能生钱的道理,是蒲松龄对新兴商品经济的思考结晶——画上的马可以变成真马,犹如虚拟财富(货币)可以变成真实财富。

还有一种说法认为,《画马》是蒲松龄对画家赵孟𫖯"据床学马"这一典故的反写。

明代书法家王穉登称画家赵孟𫖯"尝据床学马滚尘状,管夫人(赵妻)自牖中窥之,正见一匹滚尘马"。是说赵孟𫖯为了画好马,为掌握马翻滚时的动态,曾在床上学马打滚。

古代文人画画,强调"你中有我,我中有你",精准不拘,务求传神。好画有了精神,就会变成活物,当然,只有读书人才能得到实惠。

犀犬 xī quǎn

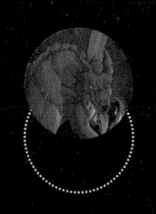

犀犬的记载始于《搜神记》，共两处：

其一为在晋代元康年间，吴郡娄县，一个叫怀瑶的人隐隐听到地下有小狗的叫声。仔细观察，见地上有一个小洞，仅蚯蚓那么大。怀瑶用棍下探，深入几尺，觉得有东西，便将地挖开，挖出一公一母两只小狗，尚未睁眼，比普通的狗略大，便喂它们食物。

邻居们得知后都来看，有长老说："这是犀犬，得之则家庭富裕兴旺，好好养着吧。"怀瑶见它们的眼睛还未睁开，便放回洞里，用磨盘石盖上出口。第二天揭开石头一看，洞内左右土壁无新洞，两只犀犬却不见了。此后，怀瑶家多年无祸福。

其二为在晋元帝大兴年间，吴郡太守张懋（mào）听见书房的床下有狗叫声，遍寻不见，突然地裂，出现两只小狗。张懋取出养育，却都没养活。后来张懋也死于非命。

《尸子》说：地下有狗，名叫地狼，地下有人，名叫无伤。

《夏鼎志》则说：挖地得狗，叫贾；挖地得猪，叫邪；挖地得人，叫聚。

《搜神记》的作者干宝认为，贾就是帝狼，聚就是无伤，同物而异名。万物相互变化，则地上有狗，地下也有狗。

坚信"此世界"外还有"他世界"，二者规则相通，这是大变动时代常有的心态。如陶渊明想象出桃花源，而干宝则想象出犀犬。

犀犬

人面牛
rén miàn niú

在《山海经》中，有许多人牛结合的怪物，仅蓬莱山上就有七个，被称为七神，据说："七神皆人面而牛身，四足而一臂，操杖以行，是为飞兽之神。"

七位山神都是人面牛身，有四只脚和一条臂膀，他们都拿着拐杖行走，是飞兽之神。

此外，《山海经》中的窫窳也是"其状如牛，而赤身，人面，马足"，这个窫窳声音如婴儿，还会吃人。

除了窫窳，人面牛身的还有诸怀，生活在北岳山上，文中记载称"其状如牛，而四角、人目、彘耳"，叫声如大雁，也吃人。

食草动物眼睛大多长在脸的两边，这样视野更宽广，有利于躲避天敌。而人面牛或许是先天畸形，面部扁平，两只眼睛挤在同一面上，即古人所说"人面"，可能并非真像人脸那么复杂。

牛是人类最早驯化的家畜之一，它体型巨大、有力量，是先民重要的食物和役畜。

在古代，牛代表着财富，且是祭祀中最重要的祭品，所以牛被认为是有神性的，从而衍生出"状如牛"的山神。

人面牛

彭侯
péng hòu

彭侯是一种人面狗身的妖怪，无尾，在《搜神记》中有记载，说彭侯生于深山，树老成精，性残忍，常杀害过往行人。

三国孙权时，陆敬叔任建安郡（属扬州）太守，派人去伐樟树，见缺口有鲜血流出。树断后，人面狗身怪物从中跃出，将它煮来吃，味如狗肉。

《白泽图》中也有记载，说彭侯为树木成精的怪物，形状像黑狗，没有尾巴，可煮食。

彭侯究竟是实际存在的动物，还是想象出来的呢？很可能是想象出来的。世界各地先民都有树精传说，且基本都将它想象成动物。

魏晋南北朝时，树精集中出现，因当时中原大战，大量民众逃到山中生活，遭遇了种种困境，便认为是树精作怪。

对树精的想象体现出古人对自然的敬畏。但到了唐代,树精渐少,一方面,可能天下安定,人们大多回归常态生活,不再关心山林中的怪物;另一方面,或因自然环境遭破坏,生物多样性降低。

由此看来,彭侯虽是传说,或许也有现实依据,可能是一种小型的奇异动物。

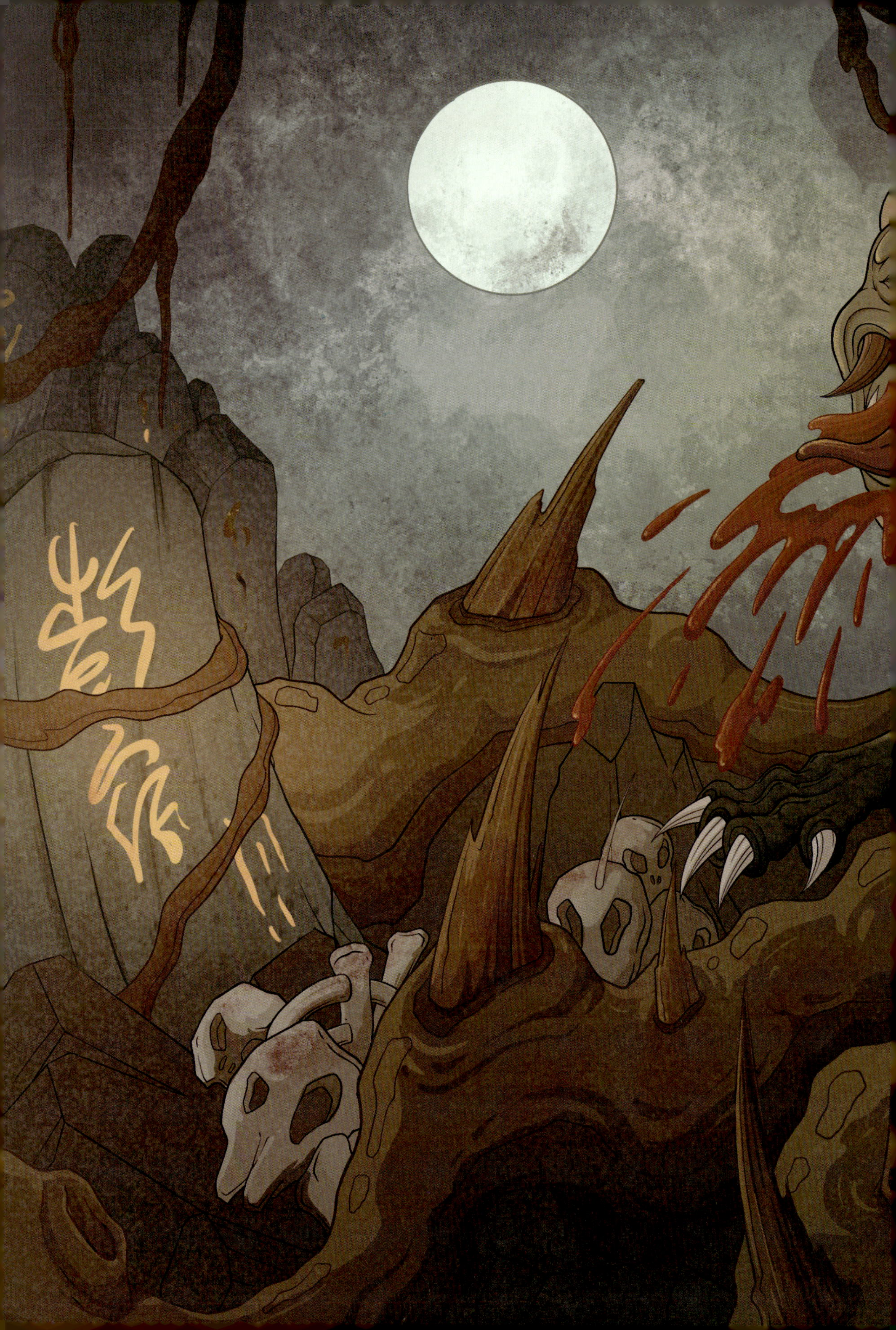

彭侯

落头民
luò tóu mín

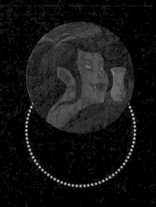

落头民的记载出自《搜神记》。

秦朝时南方有落头民，脑袋能飞。该族因内部祭祀活动叫"虫落"，所以自称"落头民"。

吴国时，将军朱桓得一婢女，每天晚上躺下后，其女脑袋便飞走，有时从狗洞飞出，有时则从天窗飞出，用耳朵当翅膀。旁人觉得很怪，看她身体发凉，仅有一点儿气息，就用被子蒙住她。

天亮时，头飞回来，因被子隔着，无法回到身体上，几次掉在地上，发出叹息，气息也变得急促，似乎马上要死。旁人把被子掀开，她的头立刻回到脖子上。

朱桓觉得奇怪，后来得知这是天性。出征南方的将军常遇落头民，有人趁他的头飞走时，用铜盘盖在脖颈上，头回来后，便无法归位，这人就死了。

在《酉阳杂俎》中也有记载，说：岭南龙城西南，很多溪边、山洞中有飞来飞去的脑袋，人称"飞头獠子"。据说脑袋飞走前一天，脖子会出现红印，脑袋飞出后，会到泥土里找螃蟹、蚯蚓来吃。天亮后，脑袋飞回，便完全忘掉夜间干过的事，可肚子已经吃饱了。

落头民

应声虫 yìng shēng chóng

应声虫是一种怪病，最早见于唐代张鷟(zhuó)的《朝野佥(qiān)载》，是说："洛州有士人，患应病，语即喉中应之。"

后在唐代刘悚(sù)的《隋唐嘉话》中也有记载。故事大意是说有人患病，腹内有应声虫，请名医张文仲治疗，张文仲也无可奈何，便将自编《本草》让患者读。患者每读一味药，应声虫便重复一次，可读到某药时，应声虫突然沉默。病人遂食此药，果然药到病除。

历史上确有张文仲这个人，是当时的名医。史书上说："武则天、中宗已后，诸医咸推文仲（李虔纵、韦慈藏）等三人为首。"

可这药是什么？唐人未说。

宋代洪迈在《夷坚志》中也记载了这个故事，称该药为"蓝"，蓝即四种常见的蓝草：蓼蓝、菘蓝、木蓝、马蓝。古人用其来染衣物，可清热解毒、治疗痈肿丹毒等。

宋代陈正敏（也写作范正敏）在《遯(dùn)斋闲览》中则认为，该药是"雷丸"。雷丸为白蘑科真菌雷丸的干燥菌核，菌核可入药，能治蛔虫、钩虫等病。

在现当代，应声虫多用来比喻毫无主见、随声附和的人，和记载中的怪病颇为相同。

应声虫

貙人
chū rén

貙人是古代散居长江、汉水一带的部落，自称廪(lǐn)君后代，传说他们能变成老虎。

据《搜神记》记载：长沙郡所属的蛮县东高口百姓，曾设木笼捕虎。第二天一早，却见一亭长，在木笼中坐着。人们问："您怎么到这里面来了？"亭长说："昨天县里忽然召见，夜间赶路时遇雨，误躲到这里来了，快放我出去。"

他还从怀里掏出召见他的文书。人们信以为真，便把他放了出来。没想到亭长一出笼，就变成老虎，跑上山去了。

据说貙变成人，喜穿紫色葛布衣，没脚跟，变成老虎时，脚上有五个脚趾（老虎前脚各有五个脚趾，后脚各有四个脚趾）。

貀人

罔象

罔象
wǎng xiàng

　　罔象是传说中的一种水怪，最早见于《国语·鲁语下》，称"水之怪曰龙、罔象"。据《夏鼎志》（此书已佚，但《搜神记》保留了两条）记载中，称罔象"如三岁儿，赤目，黑色，大耳，长臂，赤爪。索缚，则可得食"。

　　这里的罔象可能是海豚。海豚智商高，喜欢与人玩耍，被误认为"食人"。

　　《庄子》中也记载了罔象，称黄帝去玩耍，登上昆仑山向南观望，返回时丢了他的玄珠，便派一个叫知（通"智"，意为才智、智慧）的官员去找，没有找到；又派离朱（意为善于明察）去找，还是没找到；再派喫诟（chī，意为能说善道）去找，还是没找到。只好派象罔（即罔象）再去找，结果找到了。黄帝很奇怪，便问："象罔糊里糊涂的，怎么就能找到呢？"

　　庄子在这里作了一个巧妙的隐喻，玄珠，即为"道"。人生活在这个世界上，常用表象去认识世界，所以过分相信眼睛、耳朵、嘴巴等，但罔象则不同，它看不清表象，所以才能抵达本质，找到了玄珠。

古往今来，无人不会被表象迷惑，而错失了本质。比如看一幅画，我们总要想它是否"真实"，可太"真实"了，这画也就没价值了。真正的好画应该在"真实"与"不真实"之间，才能给人以启迪。只是在现代社会中，人越来越相信眼睛，越来越理解不了表象之外的东西。

不过，庄子是哲学家，他说的这些，在古代只有士大夫阶层能懂。普通老百姓眼中的罔象是一个可怕的恶魔，形状不定，海陆两栖，吃人，且特别喜欢吃死人的肝。但罔象怕老虎与柏树，所以古人会在墓地旁多种柏树，在路口设置石虎，都是为了对付罔象。

画皮 huà pí

《画皮》是清代蒲松龄所著《聊斋志异》中的名篇，"画皮"从此成为描绘皮囊这类鬼的专称。但事实上，画皮鬼本是印度鬼，通过佛经传入中国。

最早记录画皮故事的，是西晋竺法护所译《修行道地经》（又称《道地经》，印度僧人伽罗刹作）中的《罗刹》。

《罗刹》的故事是说某男子与妻子感情非常好，却有人告诉他，他的老婆是罗刹（恶鬼的一种），以血肉为食。这位男子不信。

一天晚上，他装睡打鼾，见妻子偷偷跑出去，直奔坟地。到了后，其妻脱下衣服，竟然变成一个长牙恶鬼，头上焰烧，从死尸上撕下肉吃。吃完了，又穿上衣服，回家睡在床上。

这个故事是典型的劝诫文，提醒人们，男女情欲不过是过眼云烟，沉迷于美色，与陪伴恶鬼无异。

《聊斋志异》中的"画皮"篇大大丰富了细节，使它从一个宗教故事，转化为经典小说，画皮鬼也因此被人们所熟知。

画皮

庆忌

庆忌
qing ji

今天我们知道庆忌，多因《战国策·唐雎不辱使命》中"要离之刺庆忌也，仓鹰击于殿上"而广为人知。这里的庆忌是春秋时吴王僚之子，被刺客要离所杀。

庆忌本是神的名字，用神的名字给人起名，并不罕见。历史上名庆忌的人很多，比如辛庆忌（西汉将领）、刘庆忌（辽东太守）等。

吴王僚的儿子叫庆忌，因为他擅奔跑，六马驾车都追不上他，左右向他射箭，他空手抓箭，两手皆满，身体无伤，确有几分像神。

那么，庆忌是什么呢？

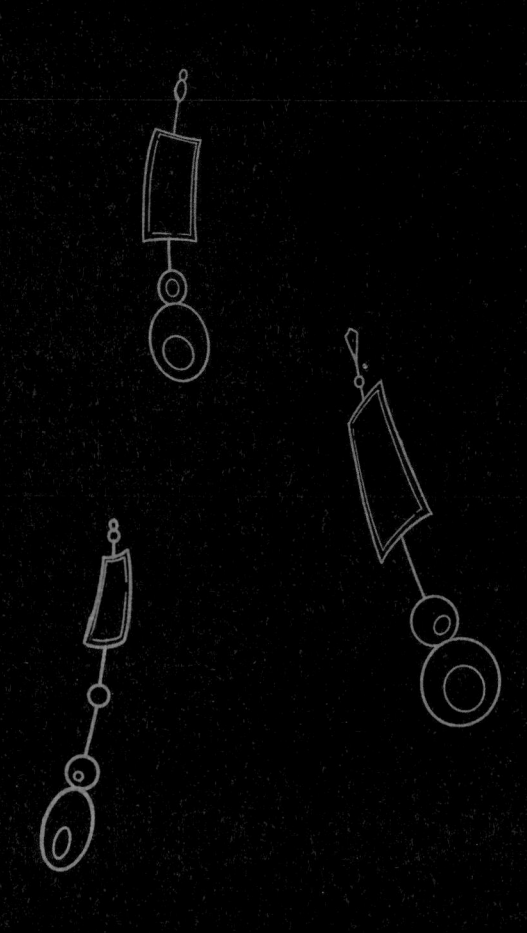

《管子》中记载：河流干涸数百年，山谷不迁徙，且水源不断绝，就能生出庆忌来。庆忌样子像人，长仅四寸，穿黄衣，戴黄冠，乘小马车，上有黄伞盖，奔跑极快，而且耳朵灵，有人呼它的名字，虽隔千里，一天就能回来。

在《白泽图》中也有记载："故水石者精名庆忌，状如人。乘车盖，日驰千里。以其名呼之，可使入水取鱼。"

因"好急驰""日驰千里""入水取鱼"等特点，庆忌在现代动漫中多以藏身于水泽中的小人形象出现，帮助人类送达信件，如动漫《百妖谱》。

姑获鸟

gū huò niǎo

姑获鸟的记载非常凌乱，最早见于晋代郭璞的《玄中记》。书中记载："姑获鸟夜飞昼藏，盖鬼神类。衣毛为飞鸟，脱毛为女人。一名天帝少女，一名夜行游女，一名钩星，一名隐飞。鸟无子，喜取人子养之，以为子。今时小儿之衣不欲夜露者，为此物爱以血点其衣为志，即取小儿也。故世人名为鬼鸟，荆州为多。"

姑获鸟昼出夜伏，羽毛在身即为鸟，脱下毛后即变成女人，名为天帝少女，也称夜行游女、钩星、隐飞。姑获鸟无子，喜取他人幼子为子。如果有人在晚上晾幼儿衣服，姑获鸟会在上面用血点做标记，则这个幼儿早晚会被它带走。据说姑获鸟在荆州比较多。

那姑获鸟是怎么来的呢？

在《奇异杂谈集》中记载："怀孕不产而死者，若弃尸于野，胎内子不死而生于野者，母之魂魄多化为人形，抱子行于夜路。此赤子之泣声，即所谓产女之泣是也。其形貌乃腰际沾血之弱女子也。"

姑获鸟是死去产妇的执念所化。死去的产妇抱着婴儿在深夜中行走，婴儿啼哭的声音就化为姑获鸟的叫声。

姑获鸟

鲛 jiāo 人 rén

鲛人，又名泉先、泉客，是古代传说中的一种人鱼。

最早见于西晋张华的《博物志》，仅寥寥数语："南海水有鲛人，水居如鱼，不废织绩，其眼能泣珠。"鲛人善于纺织，眼泪即珍珠。

唐代诗人李商隐有诗云"沧海月明珠有泪"便引用了鲛人的典故。

后代亦不乏关于鲛人的记录。

《太平广记》中称："海人鱼东海有之，大者长五六尺，鲛人状如人，眉目、口鼻、手爪、头皆为美丽女子，无不具足。皮肉白如玉，无鳞……发如马尾，长五六尺……与人无异，亦不伤人。"显然和人间女子无异，后衍生出很多神话故事。

鲛人

猪婆龙
zhū pó lóng

猪婆龙，即扬子鳄，我国特有的一个鳄鱼品种，在古代，又称为鼍(tuó)。

据《聊斋志异》记载："猪婆龙，产于西江。形似龙而短，能横飞，常出沿江岸扑食鹅鸭。"其描述和扬子鳄十分符合。

扬子鳄是濒临灭绝的爬行动物，多生活在长江流域，是鳄鱼中唯一有冬眠习性的鳄类，所以是古老而稀少的。

《聊斋志异》中还记载了一则关于猪婆龙的西湖奇遇故事。故事大意为主人公陈明允和贾将军同游洞庭湖，贾将军射得一条大鱼，也就是猪婆龙，一条小鱼衔着鱼尾而不弃，并一起获之。陈明允见猪婆龙嘴巴张合，似在求救，便动了恻隐之心，请求贾将军将其放生。

实则这猪婆龙是洞庭湖君的王妃。一年后，陈明允在洞庭湖遇大风翻船，手抓竹筐爬上岸后，邂逅了王妃的女儿，王妃便赐婚于陈明允和公主，并让公主随陈明允衣锦还乡。

猪婆龙

山魈

山魈
shān xiāo

　　《正字通》引《抱朴子·登涉篇》曰明代崇祯末年张自烈所撰："山精形如小儿，独足向后，夜喜犯人，名曰魈。"其认为山魈有三大特征：一在山中活动；二是单足；三是个子小。

　　在《聊斋志异》中，也记录了一则山魈的故事：孙太白的曾祖父孙某，青年时曾住在寺中，夜见大鬼弯腰进入，头几乎碰到房梁，脸如老瓜皮的颜色，目光如闪电，牙齿稀疏。孙某拔出佩刀刺它肚子，却发出砍石头一般的声音。鬼大怒，伸爪来抓，没抓到孙某，只把被子抢走。众人赶来，发现被子夹在

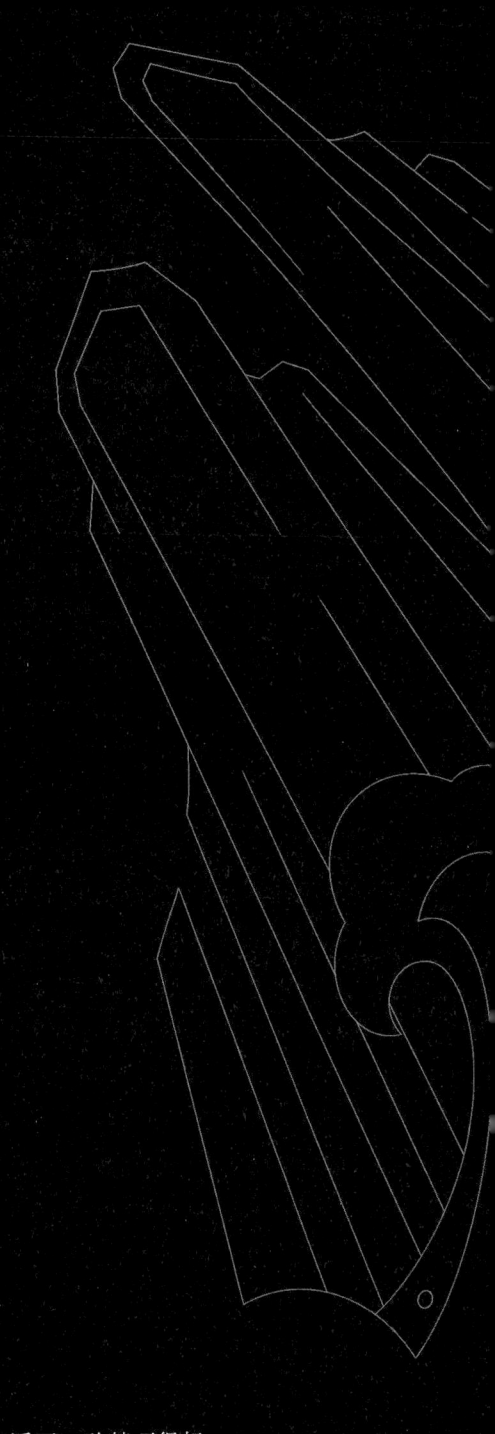

寝室的门缝里,上有爪痕,有簸箕那么大,连门板都被穿透了。孙某吓得赶快搬走,以后问和尚,和尚说再没异常的事发生。

奇怪的是,《聊斋志异》中的山魈个子远高于小儿,且没提它是一只脚。也许是山魈的传说太多,却少有人见过,误把其他动物当成了山魈。

狐鬼 hú guǐ

狐鬼是狐狸死后变成的鬼，古人认为，狐狸、黄鼠狼、狸猫、老鼠、蝙蝠、蛇等动物死后都有可能变成鬼。故见此类动物尸体，必须迅速掩埋，避免变成鬼。

狐鬼与狐妖不同。

狐鬼依然留着皮毛和尾巴，所以要加以遮掩。有的狐鬼会偶尔住在人家中，反而能保一方平安，有狐鬼住的家，即使不姓胡，也必有胡姓仙人的牌位；有的狐鬼会冒充年轻美丽的女人来诱惑男人。

狐妖则是狐狸修炼成的人形，与人往来。传说修炼到一定程度，狐狸的尾巴就会一分为二，修炼到极致，则分为九条尾巴，可以变成狐仙。狐妖也会幻化成美女来诱惑人。

在历史上，狐鬼的影响原本不如狐妖那么大。但从晚明起，士大夫阶层普遍相信狐鬼存在，至清代蒲松龄写出《聊斋志异》达到高峰，以致后来的笔记小说中多有狐鬼身影。

清代纪昀在《阅薇草堂笔记》中就有两处记载了狐鬼，一是"（世家子）心疑为狐鬼，故虽流目送盼，而未通一词"；二为"（骁骑校）见二人倚堞相对语，心知为狐鬼，屏息伺之"。

狐鬼影响大，还有一个有利因素，就是召唤狐鬼的程序比较简单。一般认为，狐鬼经常藏在碟子、碗、笔中，虔诚者只需念咒，就能将它们呼唤出来，并役使它们，所以狐鬼又叫碟仙、碗仙和笔仙，这可能与当时算命、作法者多用此工具有关。

总之，在明清时代，狐鬼是陪伴人左右、充满神奇力量，能成害，也能成帮手的"普及型"小妖。

狐鬼

瞳人
tóng rén

瞳人的记载出自《聊斋志异》中的《瞳人语》。

《瞳人语》的故事是说长安人方栋尾随窥视某少妇，少妇的丫鬟一怒之下，撒土入目，方栋因此失明。经他人推荐，方栋每日念诵《光明经》，一年多后，突觉两个小瞳人从鼻孔钻出，讨论看到了什么。不久，两个小瞳人联手凿开左眼上的障碍物，方栋终于得见光明，且左眼眼珠上竟有两个瞳孔，视力好于当初。但右眼则依然失明。

这显然是一篇劝善小文。古代民间多认为万物都有神灵管理，河有河神，海有海神，土地有土地爷，甚至人的内脏也有五脏神、六腑神、头发神、牙齿神、瞳人神等。保护好这些神，才能发挥功用。方栋行为不检点，瞳人神亦受害。

瞳人

罗刹鸟
luó chà niǎo

　　罗刹鸟见于袁枚的短篇小说集《子不语》。

　　雍正年间，内城某人给儿子娶亲，女方也是大户人家，住在沙河门外。新娘上花轿后，众人送往城里。路过一古墓地时，突然阴风四起，绕花轿旋转数圈，顿时飞沙走石，人们睁不开眼，吓得都躲在一旁。过了好一会儿，邪风才止。

　　众人将花轿抬到新郎家，掀轿帘一看，竟有两个新娘，彼此完全一样。众人不知怎么办，只好将两位新娘都送入洞房。晚上刚就寝，新房便传来一位新娘的惨叫声。

　　全家老少赶入洞房，发现满地鲜血，新郎倒在地上，一个新娘躺在床上，也浑身是血，另一个新娘不知去向。众人点灯寻找，见房梁上蹲着一只灰黑色大鸟，喙如钩，爪子大且像雪那么白。众人扑打不到，正准备找弓箭、长矛，大鸟忽眼放青光，夺门飞走。

新娘醒来后说："那一个新娘忽用袖子朝新郎脸上一甩，新郎的眼睛便被挖去，然后她就变成一只怪鸟，又来啄我的眼睛，我就大叫昏了过去。"众人忙找医生，但已无用，夫妻两人皆失明。

小说中的怪鸟即是罗刹鸟，喜欢吃人眼睛的妖怪。据说是坟墓阴气太重，积聚的尸气时间一长，就会化为罗刹鸟。罗刹鸟体型大，黑灰色，会变成人的模样，寻找合适的猎食对家，是和夜叉、修罗等一样的恶鬼。

但这个故事有比较明显的漏洞。清代新娘入门，有跨火盆、跨马鞍、射箭等仪式，邪祟(suì)应无法上身。并且同时和两个新娘拜天地，并不符合礼节。

罗刹鸟

黑鱼精

黑鱼精
hēi yú jīng

黑鱼精来源于民间传说，见于《西游记》《子不语》等书。

在《西游记》中，黑鱼精名为灞波儿奔，与鲶鱼怪奔波儿灞是乱石山碧波潭万圣龙王的手下，被孙悟空、猪八戒打败，黑鱼精还被割了下嘴唇。

《子不语》中的黑鱼精则生活在鄱阳湖，一许姓客商乘船路过，黑鱼精伸出石臼般大嘴，向天吐水，制造波浪，客商惨死。他的儿子小许发誓要杀黑鱼精，请龙虎山天师帮忙，但天师已老，不久便去世了。小许只好请天师的儿子出山。

小天师说："黑鱼精已修炼五百年，我打不过，要找人帮忙。"他给小许一面铜镜，谁能在镜中照出三个影子，谁即是帮手。

小许找了一个多月，终于找到一杨姓小儿，大家一起去鄱阳湖上，小天师将杨姓小儿扔入湖中，杨家人大吃一惊，要小天师偿命。一会儿，杨姓小儿手提黑鱼头，浮出水面，黑鱼精的血染红了十里湖面。

杨家小儿说：我落入水中就睡着了，见一金甲大将军，将鱼头送到我手里，然后抱我出水面。有人说：杨家小儿就是杨清恪。

黑鱼是淡水鱼中生命力较强的鱼，离水后，在阴凉处可活十天左右。湖水干涸时，黑鱼钻入泥中"旱眠"，待湖水重来，又可游动。古人或许是观察不细，觉得黑鱼来无影、去无踪，似有魔法。黑鱼性狡猾，多在池塘底部、周边活动，且不易上钩，黑鱼食肉，相貌亦凶恶，看上去确有几分妖气。

古人认为，动物长寿即是怪，黑鱼特别长寿，可达百年，自然会被误会成精怪。

孟婆
mèng pó

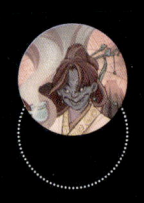

孟婆在中国民间影响极大，但古文史记载中有两个孟婆。

第一个见《山海经》，称："帝之二女，游于江中，出入必风雨自随，以帝女故曰孟婆。"尧的两个女儿名为娥皇、女英，均嫁给了舜。后来舜到南方巡视，死在苍梧（今湖南宁远的九嶷山），二妃寻至，抱竹痛哭，泪尽而死。

"孟"的意思是大，"婆"指女性，孟婆应是对尧的女儿的尊称。

第二个是更为人熟知的孟婆形象——幽冥之神。传说孟婆生于汉代，从小熟读儒家典籍，长大转诵佛经，八十多岁仍未嫁，死后在阴间造醧（yù）忘台（即孟婆亭），以药物制孟婆汤（又称孟婆茶），分甘、苦、酸、辛、咸五味。

醧忘台在阴间第十殿（即冥王殿）前六桥外，周围有一百零八间房，向东有一甬道，宽仅一尺四分，从此通过的鬼魂都必须喝下孟婆汤，以忘掉前生。

在明清小说中，有作者将醧忘台说成是孟婆庄，称原是荒凉的小村，自孟婆开茶馆后，才热闹起来。

也有民间故事说孟婆既是孟姜女,孟姜女哭倒长城后不见丈夫尸骸,望着万千尸骨,悲痛不已,就熬制了孟婆汤以便可以忘记这悲痛。而后感动上天,被免去轮回之苦,便在奈何桥畔熬制孟婆汤,让前往阴间的鬼魂可以忘记前世,即"前世已了,今生善恶唯本心所念"。

孟婆

刀劳鬼

刀劳鬼

^{dāo láo guǐ}

刀劳鬼的记载见于《搜神记》。据说刀劳鬼总是趁着大风大雨时出来，声音犹如人在咆哮，唾液有毒能射人，只要被射中，身体就会发肿。刀劳鬼分雌雄，雄鬼毒性烈，半天内便发作。雌鬼毒性缓，需要一天。如不及时将被喷毒的部位砍掉，中招者就会死亡。

有趣的是，同时期葛洪在《抱朴子·登涉篇》中提到一种短狐，名为蜮(yù)，名射工，又叫射影，是一种水虫，样子很像蝉，可以飞，嘴中长着一个像弩的东西，一听到人的声音，便用水射人。唐代段成式称，这种短狐就是刀劳。

将这些记载串连起来就会发现，刀劳鬼本是一种动物，名蜮。

《诗经》中说："为鬼为蜮。"显然，蜮生在南方水边，喜欢喷水射人，从《诗经》时代起，人们就认为它是鬼物。

南方人在下水前，为防蜮，通常会将瓦石投入水中，让水变浑，再下水以防蜮含沙喷人，使人生疮。

从这些记录可见，蜮显然是一种水中生物，喜欢用水射人，有毒，后被污名化为刀劳鬼。

蓬头鬼 péng tóu guǐ

　　蓬头鬼源自民间传说，体现出人们对蓬头垢面、不修边幅者的厌恶之情，认为鬼也会如此。

　　蓬头鬼也是牙牌中的一种特定搭配。

　　如在《红楼梦》中，贾母行酒令时，说：

　　左边是张"天"。——头上有青天。

　　当中是个五合六。——六桥梅花香彻骨。

　　剩了一张六合幺。——一轮红日出云霄。

　　凑成便是个蓬头鬼。——那鬼抱住钟馗腿。

　　其中"凑成便是个蓬头鬼。——那鬼抱住钟馗腿"，即三张牌分别是六六、五六、幺六，五与幺（幺，牙牌中指"一"）加起来也是六，成"一副儿"，叫蓬头鬼，隐喻着盛极而衰。可见，当时人们对蓬头鬼很熟悉。

　　蓬头鬼的特点是头发直立，喜欢穿颜色鲜艳的衣服，当人类猎杀动物时，它往往会出现。

　　蓬头鬼会保护动物，讨厌不遵守诺言的人。他是少数白天也可以出现的鬼，但普通人看不见他。

蓬头鬼

在清代笔记小说《子不语》中,有一段有趣的记载。相书上说:"瞳孔发青的人,能看见妖怪,瞳孔发白的人,能看见鬼魂。"

清代杭州有一位瞳孔发白的老婆婆,看见一个蓬头鬼躲在牌楼上的石绣球中,用纸钱做成飞镖,打过路人。被打中的人会打一个寒颤,回家便生病,只有到郊外祭祀,才能痊愈,蓬头鬼因此吃饱喝足。后来有一高大男子经过,蓬头鬼又用飞镖去打,没想到那个男子阳气太盛,飞镖一下着火了,蓬头鬼也从楼上摔了下来,不断打喷嚏,最后化作黑烟逃走。

《子不语》还有一处提到了蓬头鬼。安徽宣城市泾县有位于道士,一次他去赵某家饮酒,突然说:"你家西楼夹墙里,有个蓬头鬼,估计是蒙冤而死,要找你家人当替身。"

第二天,道士让赵家召唤全家人从蓬头鬼身边一一走过,蓬头鬼皆无反应,只有赵家六女儿走过时,蓬头鬼突然大笑。道士说,蓬头鬼要以她为替身。赵某急求解决方法,道士说:"这都是命,没法解除。"

此后,赵家常有抛砖掷瓦的声音,折腾了一个多月。后来,赵某的六女儿死于难产,家里才安静。

夜叉 yè chā

夜叉来自印度，本不是鬼。

在《摩奴法典》中，夜叉是婆罗门教中的一个小神，跟着财神俱比罗混，专与罗刹作对，所以"能啖鬼"。

后来，夜叉随佛教传入中国，被误认为是鬼的一种。原因有二：首先，夜叉样子丑陋，秃头大肚；其次，夜叉吃人，在中国神话中，只有鬼方才吃人。

于是，夜叉很快拥有了实用性——用来骂人。

唐代张鹭在《朝野佥载》中便写道："监察御史李全交素以罗织酷虐为业，台中号为'人头罗刹'，殿中王旭号为'鬼面夜叉'。"用罗刹、夜叉等这类新词，较有陌生感，可以提高咒骂的力度，代价是使人们对夜叉形成刻板印象。

夜叉分三种，即：飞天夜叉、地夜叉和虚空夜叉。

飞天夜叉能在人、鬼、神三界往来，主要工作是守护天门，却被明朝人想象成"僵尸久则能飞"。

地夜叉尖耳持剑，头发冒绿火，一只眼睛生在顶门上，一只眼睛长在下巴上，多在地狱当小鬼，非常爱钱，常徇私舞弊。

虚空夜叉道行最高，来无影去无踪，能杀人于无形。

三种夜叉各不相同，可在唐人眼中，都是吃人恶鬼。

人们称相貌丑陋且凶恶的男性为夜叉，称凶悍刁蛮的女性为母夜叉。

时至今日，夜叉一词多被人用来形容野蛮彪悍之人。

夜叉

痴鬼

痴鬼
chī guǐ

痴鬼一般都是痴情人所化,行为与人相同,只是生活在不同的空间。一般来说,痴鬼对人无害。

纪晓岚在《阅微草堂笔记》中,记录了这样一个故事,是说一位老媪能看见鬼。一次在某人家外,她看到一个鬼,痴情到极点。此鬼在阳间时,家道小康,死时年仅二十七八岁。刚死百日时,他的妻子叫老媪去作伴,那个鬼就坐在院子的丁香树下。因为怕阳气,不敢靠近,但一直在不远处侧耳细听。后来见有媒人进家,鬼的神色立刻变得紧张起来,媒人没谈成,鬼又变得很快乐。

不久,妻子改嫁。出嫁头一天晚上,鬼在房门外,泪如雨下,一会儿进屋,一会儿又在门外抱柱,折腾了一晚上。第二天妻子出嫁,鬼一直跟到男方家,到晚上都不肯离开。后来新人入洞房,痴鬼被宅神轰走。回到家,痴鬼看见孩子在四处找妈妈,急得两手搓来搓去,不知该怎么办。这时,他的嫂子过来,给了孩子一巴掌,鬼气得咬牙切齿。

显然，纪晓岚认为寡妇不应改嫁，写这个故事是为了以鬼喻人。

痴鬼种类很多，有痴迷于情的痴情鬼，也有痴迷于酒、色、财的酒鬼、风流鬼、吝啬鬼。

在《聊斋志异》里也有记载痴鬼，说有一痴鬼，性喜下棋，后因下棋耽误了转生的时间。

古人认为，凡人忽然疯痴，即为痴鬼附身。

疟疾鬼
nüè jí guǐ

　　疟疾鬼又称疟鬼，传说是颛顼的大儿子。据汉代王充所录"昔颛顼氏有三子，死而为疫鬼：一居江水，为疟鬼；一居若水，为魍魉鬼；一居人宫室，善惊人小儿，为小鬼"。后晋代干宝在《搜神记》，也引用了这段文字。

　　在古代，疟疾是一种可怕的疾病，被携带疟原虫的蚊子叮咬后，就有可能患病。患了疟疾后，人体忽冷忽热，痛苦万分，体重迅速下降，抵抗力强的人或能存活，小儿往往因此丧命。古人不明疟疾发病原理，便认为是疟疾鬼附体，考虑到小儿患者死亡率极高，因此推算出，疟疾鬼身材矮小，状如小儿。

　　唐代韩愈在《谴疟鬼》诗中说："如何不肖子，尚奋疟鬼威。"

　　为应对疟疾鬼，古人有专门的仪式，即："送陈、迎新、内吉也。"所谓"内吉"，就是"纳吉"。在魏晋南北朝时，人们普遍认为"君子不病疟"，因为君子都是大人物，疟疾鬼太小，不敢上身，且身体较强壮的人，确实不易患疟疾。

在《世说新语》中，记录了这么一则小故事：

有个小孩儿向主人讨药，为他父亲治病。主人问是什么病，答以疟疾。主人开玩笑说：君子不病疟，怎么会得这种病？意思是小孩的父亲不配称君子。小孩回敬说：疟疾之所以叫疟疾，因为它只侵犯君子。意思是疟疾只侵犯君子，没得上疟疾的，才是小人。

在一些作品中，疟疾鬼也以女性的形象出现。如在李庆辰的《醉茶志怪》中，记载了一妇人，此妇人"白衣麻裙，面貌黄肿，眉目戚戚然，神色可畏"。进入卧室后，用手一按受害者的胸，立刻疟疾上身，"如是月余，形骸骨立，盛暑常着重绵"。

疰疾鬼

虚耗

虚耗 xū hào

虚耗本名魖，在志怪小说《异苑》中记载："虚耗鬼所至之处，令人损失财物，库藏空竭，名为耗鬼。其形不一，怪物也。"

关于虚耗有这样一则故事，是说唐玄宗曾做过一个奇怪的梦。梦见一个小鬼穿红袍，长着牛鼻子，一只脚穿鞋，另一只脚光着，鞋则挂在腰间，腰带上还别着一把铁扇子。这个小鬼偷了唐玄宗心爱的玉笛和杨贵妃送给他的香袋。唐玄宗大怒，问："你是谁？竟敢来宫里偷东西。"

那个鬼也不害怕，说："我叫虚耗，喜欢偷别人的东西，还能偷走别人的快乐。"

唐玄宗忙喊人来捉鬼，虚耗见门就跑，没想到突然来了一个大鬼，穿蓝袍，戴着一个破帽子，趿(tā)拉着朝靴。大鬼一把抓住虚耗，将其劈成两半吃掉。这个大鬼即是钟馗。唐玄宗对钟馗吃了虚耗的举动很满意，便批准他在阴间捉鬼，重点对付虚耗。

虚耗喜欢在仓库、厕所活动，怕灯照，怕大声。古代小年和除夕，需整夜点灯，就是为了驱除虚耗。据宋代孟元老的《东京梦华录》记载："交年之夜，门及窗下以致圊溷（qīnghùn）（厕所），皆燃灯，除夜亦然，谓之照虚耗。"

每年正月十六日，是"磨耗日"，人们在半夜用杵（即仲葵）敲打整个宅院。此外，在冬至到元宵节期间，古人还需打鼓，门上挂钟馗像，以驱逐虚耗，这叫"除耗"。但冬至当天需"饲耗"，投以糯米丸，可谓恩威并施。

伤魂鸟

shāng hún niǎo

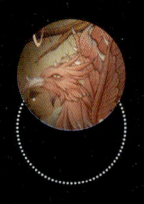

伤魂鸟的故事最早见于东晋王嘉所撰《拾遗记》。《拾遗记》是中国短篇小说奠基之作,可惜亡佚,后南朝梁学者萧绮收其残篇,编成今人所见版本。

《拾遗记》中记载:晋惠帝永平元年,常山郡(今河北省石家庄附近)进献一只伤魂鸟,样子像鸡,毛色像凤,晋惠帝觉得伤魂鸟名字难听,拒绝接受,但很喜欢它的羽毛。

有人告诉晋惠帝,黄帝杀蚩尤时,手下的虎豹误咬伤一个妇人,妇人呻吟七天未死,黄帝很哀怜她,予以厚葬。后来坟上有鸟,鸣声如"伤魂",即妇人之魂。王莽篡位时,伤魂鸟曾现身,人们觉得不祥,便让常山郡捕杀它。

晋代初,人们改伤魂鸟的名字为相弘鸟,可晋灭吴时,吴国君主孙皓投降,被赐号相弘侯。永平元年时,西晋内乱不已,伤魂鸟再度现身。晋惠帝听说后,下令将伤魂鸟放掉。

从《山海经》起,古籍中记录了大量鸟神,几乎都与灵魂有关。在先民看来,人的灵魂就像鸟一样,倏忽而去,不知所至。直到今天,人们仍称死亡为"乘鹤而去""驾鹤西游"。

伤魂鸟

大(dà)头(tóu)鬼(guǐ)

大头鬼的说法多见于民间，但在《楞严经》中有记录，证明至少在唐代，人们对大头鬼就已较熟悉。

《楞严经》认为，大头鬼是役使鬼，此鬼因上辈子干了违法事，劳心役思，常行不正，故受此报。在阴间，大头鬼一般做担沙、负石、跑腿之类的力气活。

清代许秋垞(chá)曾著《闻见异辞》，称明代名臣于谦当书生时，在八月中旬三更时去厕所，随口吟诗一句来解闷，诗云："三更半夜三更半。"突见地上有一鬼，头如栲栳(kǎolǎo)（即竹筐，也有地区把莜麦做的食物叫栲栳栳）大，对诗曰："八月中秋八月中。"于谦向来大胆，手摸鬼头，说："小鬼好大头！"鬼又对曰道："相爷好大胆！"人鬼相安无事，于谦后来还真当了宰相。

大头鬼

五奇鬼
wǔ qí guǐ

五奇鬼又叫"一目五先生",是疫鬼的一种。

据清代学者袁枚的《子不语》中记载:浙江中部有五奇鬼,其中四个鬼是盲人,另一个鬼只有一只眼睛,五个鬼一起行动,完全靠那一只眼睛。每到瘟疫之年,五奇鬼便出动,看谁睡着了,就用鼻子嗅他。一鬼嗅人,则人必病,如果五鬼同嗅,必死无疑。但看不见的那四个鬼完全听有眼的那个鬼的号令。

如有眼的那个鬼说"这是大善人",另四鬼就退后;如有眼的那个鬼说"这是有大福的人",另四个鬼也不敢上前;如有眼的那个鬼说"这是大恶人",另四个鬼更不敢上前。只有不善不恶、无福无禄的人,五奇鬼才会下黑手。

五奇鬼的传说,可能是从五瘟来,五瘟也是五个鬼。

古人认为，每年阴历的五月五日（即端午节），五瘟鬼会巡游人间。

汉代《女青鬼律》列出了五瘟的具体名字，即：东方岙气鬼主刘元达，领万鬼行恶风之病；南方赤岙鬼主张元伯，领万鬼行热毒之病；西方白岙鬼主赵公明，领万鬼行注岙之病；北方黑岙鬼主钟士季，领万鬼行恶毒、霍乱、心腹绞痛之病；中央黄岙鬼主史文业，领万鬼行恶疮痈肿之病。

《女青鬼律》给出的办法是："按此文书，随病呼之，知领鬼姓名，病即瘥（chài 痊愈的意思）矣。人人各写一通，系身读之，令罹（lí）灾害皆消。"

如果能知道五瘟鬼的名字，鬼就不敢加害，连呼三遍，鬼便自动消失。

五奇鬼

产鬼

产鬼
chǎn guǐ

产鬼又叫血糊鬼。历代将产鬼归入杂鬼，对其形象说法不一。产鬼一般有两种：一种指妇女因生产困难，死后化为产鬼，一种指在妇女临产时，趁机害死妇女的鬼怪。

在《酉阳杂俎》中记载："语忘、敬遗，二鬼名，妇人临产呼之，不害人。长三寸三分，上下乌衣。"

产鬼只有三寸三分长，全身着黑衣，妇女临产时高呼语忘、敬遗（可能是生育之神），即可驱逐产鬼。

《阅微草堂记》中也记载："道书载有二鬼，一曰语忘，一曰敬遗，能使人难产。"

产鬼的出现和形成可能与古代的生育危险度有关。

古人无抗生素，婴儿出生死亡率较高，女性的平均寿命较短，因此生育成了"鬼门关"。

在清代宫廷中，产房外需置大楞蒸刀和易产石。大楞蒸刀是用槐木制成的刀，易产石则是一种能浮在水面的火山石，都有辟邪的作用。

清代后期许奉恩所著《里乘》中很详细地写到产鬼，称其与平常女子无异，只是喉部有一道红线，名为"血饵"，可进入产妇腹中，将她杀死。产鬼怕雨伞，将雨伞置于门后，便不敢进门。但产鬼能爬上房顶，从瓦缝中将"血饵"伸下来，杀死产妇，所以在产妇屋里也应放置一把伞。

总的来说，女子生育是极为危险和辛苦的。

缢 yì 鬼 guǐ

缢鬼即吊死鬼，是上吊而死的人变成的厉鬼。

缢鬼在民间名声很大，但出现得却很晚，始于南宋洪迈的《夷坚志》。因为自缢在古代是一种体面的死法，多被士大夫所用。

自缢的优点是：

其一，不属于肉刑，因"刑不上大夫"，贵族犯重罪，皇帝一般会令他自缢；

其二，可保全尸，身体发肤，受之父母，不留伤口而死，也算是尽孝；

其三，不流血，古人认为灵魂寄居在血液中，即使是死，也不能让血液受到亵渎。

在所有自杀方式中，自缢最易操作，但缢鬼长什么样，有两种说法。

一种以清人程趾祥的《此中人语》为代表，称缢鬼"状类猕猴……身似无骨，提之长如常人，掷之缩小，高只及膝……遍体毛疏而浅，作灰白色"。在南北朝之前，鬼怪多非人形，因为在甲骨文中，鬼字本义就是一种动物，很可能是猕猴。

另一种以洪迈的《夷坚志》为代表，认为缢鬼和人长得一样，但"吐舌长二尺"。其实，自缢者不一定吐舌头，如缢索在喉结上方，舌尖一般只顶在牙齿上，不会露出；缢索在喉结下，舌尖也仅伸出牙齿外两厘米左右。如此夸张，是为了让人们觉得自缢的死法极其丑陋而不要轻易选择自缢。

关于缢鬼的小说在《耳食录》中有一记载，说有一个叫刘秋崖的教书先生，在深夜读书时，看见有一女缢鬼在草垛下藏了件东西。刘秋崖走过去翻看了下，见是一条麻绳，便拿走藏了起来。两个时辰后，邻居家的女子开始哭泣，藏麻绳的缢鬼又出现，百般引诱女子自缢，但发现草垛下不见了麻绳，便找到刘秋崖讨要。讨要不得，后答应不再害邻居女子，才要回了绳子。

縊鬼

妃妇津

妒妇津
dù fù jīn

妒妇津，又为妬妇津，是古代传说中的一个渡口，妒妇津神则盘踞在那里，该传说始见于唐代段成式的《酉阳杂俎》。

据记载，在晋朝时，刘氏夫妻育有一子，名为刘伯玉。一日清晨，刘老夫子起床，听门外有孩童啼哭，开门后见是一五六岁女童，已冻饿一宿。刘老夫子开门后，孩童则晕倒在地。刘家得知女童是孤儿，姓名不详，便收养了她，称为段氏。

长大后，女童嫁给了刘伯玉，刘伯玉喜诵《洛神赋》，常对妻子说："若能娶到这样的媳妇，我此生没遗憾了。"《洛神赋》是三国时曹植所作，描写了想象中洛神的美貌。妻子生气地说："你为什么老拿水神说事？如果我死了，何愁当不了水神。"当晚便投水自杀了。

死后七天，段氏给刘伯玉托梦说："你不是喜欢神吗？我现在已经成神了。"刘伯玉吓得半夜醒来，从此再不敢坐船。

段氏投水自杀的那个渡口，被人们称为妒妇津，长相美貌的女子渡河，须把自己的衣服、妆容弄得脏乱，否则必遭风浪。至于相貌丑陋的女子，不论怎么打扮，渡河时都风平浪静。为此，人们特意在渡口上立碑，上镌"妒妇津"三字，以提醒往来的女子。

传说妒妇津神长得颇丑，只能在水中发威，不能上陆地。后来一些胆大好事的女子为了比美，便结队到妒妇津冒险，看能否引起河水起浪，以浪高者为美，无浪者为丑。为防范意外，比美前，会在腰间拴上一根粗麻绳，把自己牢牢地系在船上，船到水中央，一见起浪，立刻返程。

债鬼
zhài guǐ

债鬼之说来自印度，随佛教传入中国。

古印度人认为，人一生下来便负有"五债"，即：祖宗债、神债、仙债、人债和鬼债。前四债易解，鬼债则指向动物、植物还债，因为它们是人类食物的来源，为感谢它们，应尽可能不伤害它们。

这一观念后融入佛教，《阿含口解十二因缘经》中称"子以三因缘生：一者，父母先世负子钱；二者，子先世负父母钱；三者，怨家来作子。凡是子生百日、千日便死，便是怨家来讨前生未了之债"。

债鬼除了讨债，也会还债。比如托梦告诉债主科举考试的题目、透露命运走向，或者变成牛、马、驴、鸡、羊等家畜，让债主卖掉，所得钱恰好与欠债相当。

在《阅微草堂笔记》中记载一故事，是说朱元亭的儿子害了痨病，在病床上躺了很长时间，昏睡中，他说起胡话："还欠我十九两银子。"这时，医生开了一个含人参的药方，药刚煎好，儿子便去世了。这服药的价格恰好是十九两银子。

纪晓岚不完全相信这个传说，毕竟天下夭折的孩子太多了，怎么可能个个都有债务纠纷？但他又认为，君子应该相信因果报应，这样可以使做人更有底线。

古代医学不发达，婴幼儿死亡率高，让父母深感痛苦。为缓和心灵创伤，人们会在婴幼儿弥留之际，将其放在门槛上。如果病情好转，说明是自己的孩子，如果死去，便是讨债鬼转世来讨债的。

债鬼

雷鬼

雷鬼
léi guǐ

雷部在古代传说中地位显赫，主管行雷，分雷神与雷鬼。

在《封神演义》中，雷部总负责人是太师闻仲，下辖二十四名催云助雨护法天君。在封神数量上，仅排在斗部群星列宿之后，高居第二名。不仅编制大、成员多，管的事也多，斩妖除魔、清除瘟疫、驱旱逐蝗，甚至妇人难产，都归雷部管。

古人重视雷部，一是与农业生产有关，二是在没避雷针的时代，被雷劈的事较常见。

有雷神，就得有雷鬼。

在《太平广记》中有这样的记载，称有一个叫杨道和的人，他"夏于田中，值雷雨，至桑树下。霹雳下击之，道和以锄格，折其股，遂落地不得去"。那杨道和用锄头格挡的是什么呢？"唇如丹，目如镜，毛角长三尺余，状如畜，头似猕猴。"古人认为，桑树招鬼，被打死的，显然是雷鬼。

雷神与雷鬼的模样很是相似，都是在人身上长了一个猴头（或猪头、熊头），头上都长角，浑身发青。在民间，实在分不清二者，便一律都叫雷公。

在《录异记》中也提到了雷鬼，这个雷鬼不知为何，自己从天上掉了下来，他"身二丈余，黑色，面如猪首，角五六尺，肉翅丈余，豹尾又有半服縫（同'缝'）裈（féng）（kūn），豹皮缠腰，手足两爪皆金色。执赤蛇，足踏之，瞪目欲食，其声如雷"。

天上掉雷鬼的故事，一直到宋代仍有记录，雷鬼总是伴着雷声出没。雷鬼可用雷伤人，但其屁股和翅膀是弱点，此外怕屎尿，一旦沾上，"如中刀斧"，发出牛一样的咆哮声，转身就跑。

旱 hàn 魃 bá

旱魃，古代传说中引起旱灾的怪物，《诗经》中便有记载："旱魃为虐，如惔(tán)如焚。"

传说黄帝战蚩尤时，蚩尤找来风伯、雨师助战，使黄帝手下大将应龙迷失在漫天风雨中。黄帝只好请旱魃出山，风雨立止，黄帝得以擒杀蚩尤。但旱魃因此无法再回到天上，只好留在北方，故北方多旱。而应龙被派到南方，所以南方多雨。

旱魃的传说可能源于先民巫尪(wāng)传统。在《左传·僖公二十一年》中记载："夏大旱，公欲焚巫尪。"杜预注："巫尪，女巫也，主祈祷请雨者。或以为尪非巫也，瘠病之人，其面上向，俗谓天哀其病，恐雨入其鼻，故为之旱，是以公欲焚之。"巫尪即女巫，专门负责求雨、治病，一旦发生连续数天以上的旱情，人们便将巫尪暴晒，用来求雨。这种求雨的巫尪，一般称为魃。

在《神异经》中，详细记载了旱魃的形象，她身长"二三尺，袒身，而目在顶上，走行如风"，显然是正被暴晒的女巫，因为祈雨时需仰面向天，所以"目在顶上"。虽然人们讨厌旱魃，但旱魃能消除雨灾，还有可利用价值，所以依然被认为是神。

元初民间出现了新的祈雨方式：雨季时，闺阁中人用剪纸做出女子形象，手持一帚，挂在屋檐下祈晴，称为"扫晴娘"。元代诗人李俊民有诗就名为《扫晴娘》，诗云："卷袖褰(qiān)裳手持帚，挂向阴空便摇手。"旱魃最后一个正面工作也被"扫晴娘"替代了，凡她所经的地方又大旱连连，寸草不生，便成了被世人厌弃的妖怪。

旱
魃

水鬼

水鬼
shuǐ guǐ

《说文解字》称:"鬼,人之所归为鬼。"《礼记·祭义》中也说:"众生必死,死必归土,此之谓'鬼'。"换言之,鬼是人死后变化而成。而水鬼即是人在水中死后变化而成的,或是自杀、被害,或是失足落水。

水鬼一般有两大特点:

首先,水鬼通常怕冷。

杜甫曾在诗中写道:"新鬼烦冤旧鬼哭,天阴雨湿声啾啾。"可见鬼界之冷。而水鬼尤其怕冷,所以会主动去找铁匠,因为铁匠在工作时会使用火,可以烤火取暖。

在《鬼神传》中有"水鬼烤火取暖"的记载,文中写道:"却说秦闰祝鬼亦有年余,只吊得一鬼姓丘字云端。其鬼原有二德……每四更时分,秦闰轻身打铁。其鬼叫门讨火,在于炉边烘火。日日如常。"文中写水鬼"日日如常",便与铁匠结交为友。

其次，水鬼需找到替身才能往生。

水鬼会诱人溺水，或暗藏在水底，然后将活人拉下水中淹死。水鬼要找一个人做它的替死鬼，它才可以去投胎转世。

但并不是所有水鬼都是坏鬼，也有行善的水鬼。如《聊斋志异》中的《王六郎》，水鬼六郎几次救助溺水者，放弃了往生机会。

为表彰如王六郎这等"好水鬼"，玉皇大帝将他们提拔为神，但也只是土地爷、城隍之类的小神，比如王六郎，就当上了土地爷。

狰狞鬼
zhēng níng guǐ

狰狞鬼在民间传说甚广，狰狞鬼的战斗力与厉鬼不相上下，会给普通人造成严重伤害。

《山海经》中记载："（章莪之山）有兽焉，其状如赤豹，五尾一角，其音如击石，其名如狰。"这里的狰有五条尾巴，全身赤红，很像豹子，脸的正中央长了一只角，叫声如"狰狰"，像敲击石头，所以称为狰。

在《阅微草堂笔记》中有记载狰狞鬼，说一位老僧入定后，见狰狞鬼驱上千人到公堂前，这些人都被扒光捆好。公堂上有官员主持，小吏唱名，根据肥瘦分配，就像屠夫分配猪羊一样。老僧忙问为何，鬼官回答说，魔鬼靠吃人维生，如来佛祖降服了魔王，不让它们再乱吃人，只好专开了一个地狱，将有罪的人（主要是在阳间当官吏的，经常欺压百姓）死后送到这里，供魔鬼们食用。而押解这些人的，就是狰狞鬼。

狰狞鬼身体强壮，口中有长獠牙，阔口大眼，头上还长角，分赤面和青面两种。狰狞鬼白天可出现，拿着镶满钉子的狼牙棒，喜欢喝人和野兽的血。传说狰狞鬼直立行走，看上去很像人，但面目恐怖。与人相遇时，会用上肢遮盖面目，待人接近，突然露出脸，使人惊吓而死。

狰狞鬼

冤
鬼

冤 yuān 鬼 guǐ

冤鬼即冤魂，是含冤而死的人转化而成。《后汉书·寇荣传》最早提到冤鬼一词，即"苟生则为穷人，极死则为冤鬼"。古人早就认为，人死后成为鬼，但佛教传入前，绝大多数人无轮回观念，不认为鬼与人之间会产生关联。到了魏晋南北朝，受战乱、社会动荡、瘟疫横行等因素影响，冤鬼的说法开始普及。在《搜神记》中，出现了《东海孝妇》《苏娥》等篇章记载了冤鬼。

东海孝妇本是民间传说，在《汉书》中有载。孝妇赡养婆婆，婆婆不想拖累她，便上吊自缢。汉代以孝治国，当时儒家认为寡妇如无子女，应该再嫁。太守因此认为孝妇为再嫁，害死了婆婆，将她斩首使冤。

在《搜神记》中，增加了孝妇临刑前，许下三愿望，即血倒流、六月飞雪、大旱三年（《汉书》增补中有这些内容，可能是后人添加的）。元代关汉卿据此创作了《窦娥冤》。

《苏娥》中的苏娥是汉代广信县人,早失父母,又无兄弟,薄命夫死,孤穷羸弱。苏娥去邻县买丝绸,被歹人所杀,死后托梦给刺史,得以伸冤。

在元代作家笔下,冤鬼"三分不像鬼,七分倒像人",他们不自己动手,最多只是吓唬一下仇家。但冤鬼很执着,窦娥便是其中的代表,她"争到头,竞到底",可最终依然没有成功。

鉴于冤鬼个性软弱,民间历来不太怕冤鬼。明代冯梦龙在《广笑府》中记载了一则小故事,名曰《冥王访名医》。故事说冥王派小鬼探访人间名医,称门前没冤鬼的即是。小鬼跑遍全城,医馆门口都聚满冤鬼,只有一家门口仅一个冤鬼徘徊。一打听,那家医馆昨天才挂上招牌。

冤鬼在相貌、能力上与普通人很接近,所以没人拿冤鬼当回事。

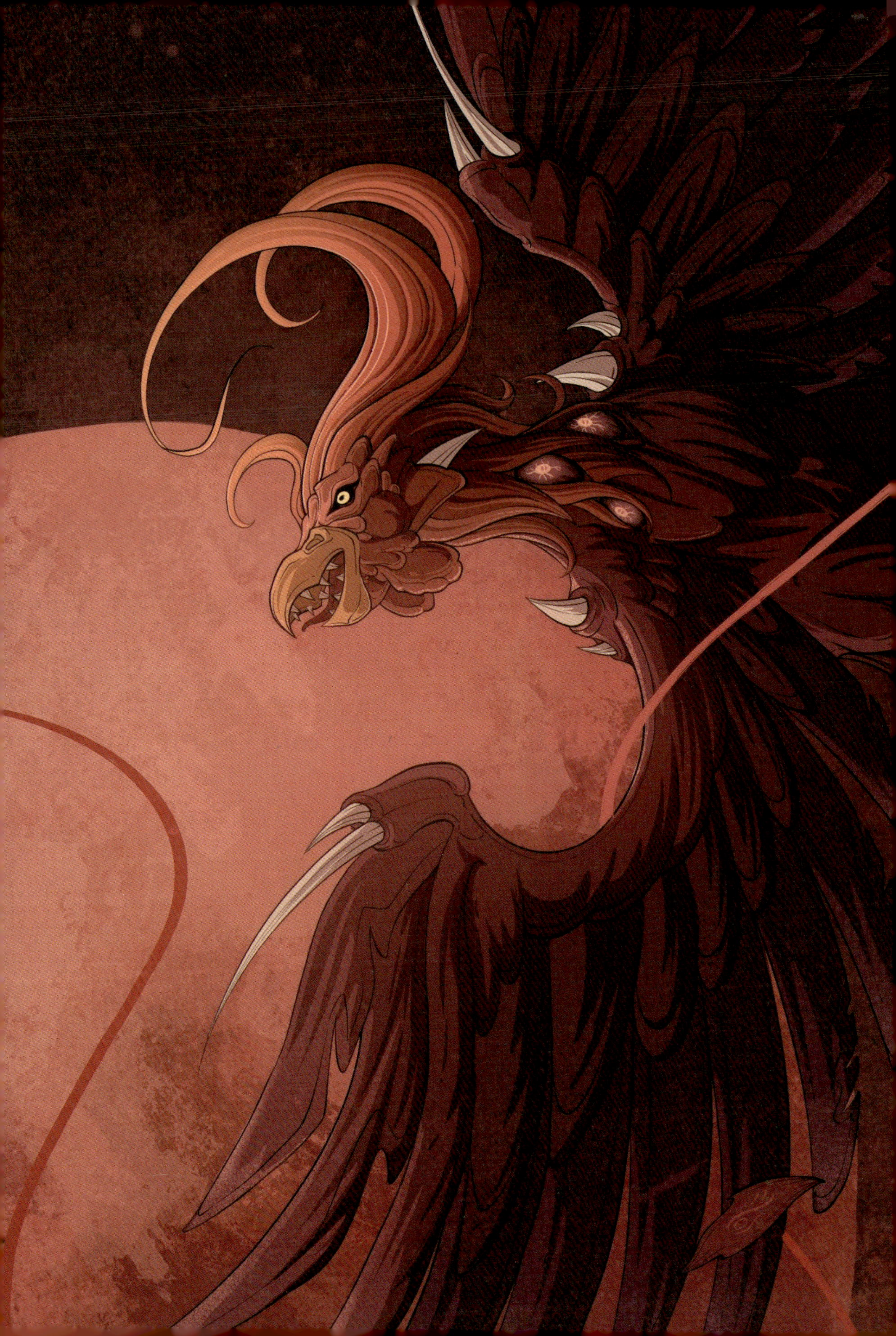

神仙异人

第三卷

洛神 luò shén

洛神，名宓妃，关于她的最早记载来自屈原。屈原在《离骚》中说："吾令丰隆乘云兮，求宓(fú)妃之所在。"

宓妃，又写作虙(fú)妃，她究竟是谁，一直有争议，有"伏羲氏之女"说和"伏羲氏之妃"说。唐代李善注《文选·洛神赋》中记载："宓妃，宓羲氏之女，溺死洛水，为神。"汉末如淳注《史记·司马相如传》中《上林赋》记载："宓妃，伏羲女，溺死洛水，遂为洛水之神。"

而到了清代，诗人屈复在《离骚纂义》中曰："下文佚女为高辛妃，二姚为少康妃，若以此意例之，则宓妃当是伏羲之妃，非女也。"认为宓妃为伏羲之妃。

在汉代，借宓妃公开表达欲望的文人很多，比如刘安在《淮南子》中写道，如果成了真人，就可以"妾宓妃，妻织女"；西汉扬雄在《太玄赋》中写道"听素女之清声兮，观宓妃之妙曲"；张衡在《思玄赋》中写道"载太华之玉女兮，召洛浦之宓妃"。

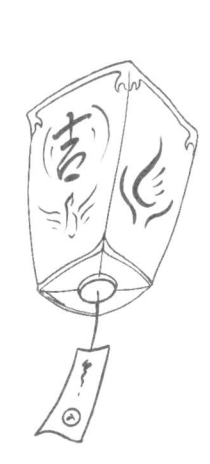

三国时，曹植爱上甄氏，但曹操已把甄氏许配给了曹丕。曹植在政治上不得意，情感上又受打击，托洛神以言怨，遂有《洛神赋》。《洛神赋》是中国文学史上的一座里程碑，表达了曹植对人生无常、美好易逝的感慨，洛神从此又变成了幽怨、美丽和伤感的象征。

洛神

九天玄女

九天玄女
jiǔ tiān xuán nǚ

九天玄女，道教中的著名女仙，又名玄女、元女、九天女、九天娘娘、九天圣母、连理妈等。她是西王母的弟子，西王母擅战争、丹药，所以九天玄女也以战神面目出现，此外还是丹药神。到唐代时，她成了西王母之下的第二号女神。

从史料看，最早提及九天玄女的是《黄帝内传》，成书于先秦，后散失。好在汉代《龙鱼河图》转抄了相关内容，大概意思是说黄帝征蚩尤时，蚩尤接连三天施放大雾，黄帝无计可施。这时，西王母派使者来，说道：我这就让徒弟玄女来收拾蚩尤。没几天，玄女乘大雾而降，帮黄帝造了司南车（即指南车）、记里鼓（计数里程之鼓）、夔牛鼓（以夔牛皮制鼓，声若奔雷传五百里）、钲（zhēng，古代打击乐器，青铜制，形似倒置铜钟）、铙（náo，古代击乐器，铜制，圆形，像铃铛）、角、黄钺（yuè，以青铜或铁制成的斧）、甲胄（zhòu，也叫介胄，即铠甲和头盔）、兜鍪（dōumóu，古代武士戴的头盔）等，并传授战法，于是黄帝战胜了蚩尤。

在唐代之前，玄女只叫玄女，还没挂上"九天"两个字。

九天是什么，历代有争议。一种观点认为天有九重，九天就是最高一层的天；另一种观点认为，天有八方（即东方苍天，东北变天，北方玄天，西北幽天，西方皓天，西南朱天，南方炎天，东南阳天），再加上中间（即中央钧天）这部分，合起来正好是九，九天等于整个天空。

　　在后代小说中，九天玄女出场，往往意味着将发生战争。《水浒传》中宋江便是从九天玄女那里得到三卷天书，还吃了仙酒、仙枣。每到局面吃紧时，宋江都会用九天玄女传授的"仙女课"占卜。遂有人称：九天玄女已批准宋江造反，所以宋江不算反贼。

句芒
gōu máng

在古老的神话传说中，伏羲氏有四子，分别是重、该、修、羲，大儿子重就是句芒。

句芒的记载最早见于《山海经·海外东经》，为"人面鸟身，乘两龙"，主管东方。《左传》则认为，句芒是一种官职，即木正，主管春季。根据习俗，每到春天，木正将主持春祭，主管树木的发芽生长。

句芒的造型为人面鸟身，这是东夷族崇拜的天神形象。从羽毛颜色和形状看，很可能出自东夷的淮夷和徐戎，这两个部落崇拜玄鸟（即燕子）。

在《山海经》中记载了四方神：南方祝融，西方蓐收，东方句芒和北方禺疆。句芒主管东方，太阳每天早上从扶桑上升起，神树扶桑便也归句芒管。

《山海经》中还记载句芒"执规治春"，规就是圆规，本是制陶工具，后成巫师的法器。

虽然句芒的名字渐被人们遗忘，但句芒并未远去。每到立春，各地均有祭春仪式，需两人扮演春牛，春牛两侧各有一个持牛鞭的牧童，他们就是句芒。只是自南宋以后，改称"芒神"，并开始负责春播、耕作、繁殖等工作。

句芒

禺彊
yú qiáng

禺彊，又称禺京，是古代神话中的海神、风神和瘟神，战斗力非常强大。

在《山海经》中记载："北方禺彊，人面鸟神，珥两青蛇，践两青蛇。"禺彊主管北方，有着人的面孔和鸟的身子，耳朵上悬挂两条青蛇，脚下也踩着两条青蛇。

关于禺彊的记载，在《列子·汤问》中有这样一则故事，说在渤海的东方，有一片大海名曰归墟，归墟中有五座仙山海岛，岛上住着众多神仙，颇为自得。但海岛常随大海波浪漂流，天帝担心会漂到西方极远的地方，使得

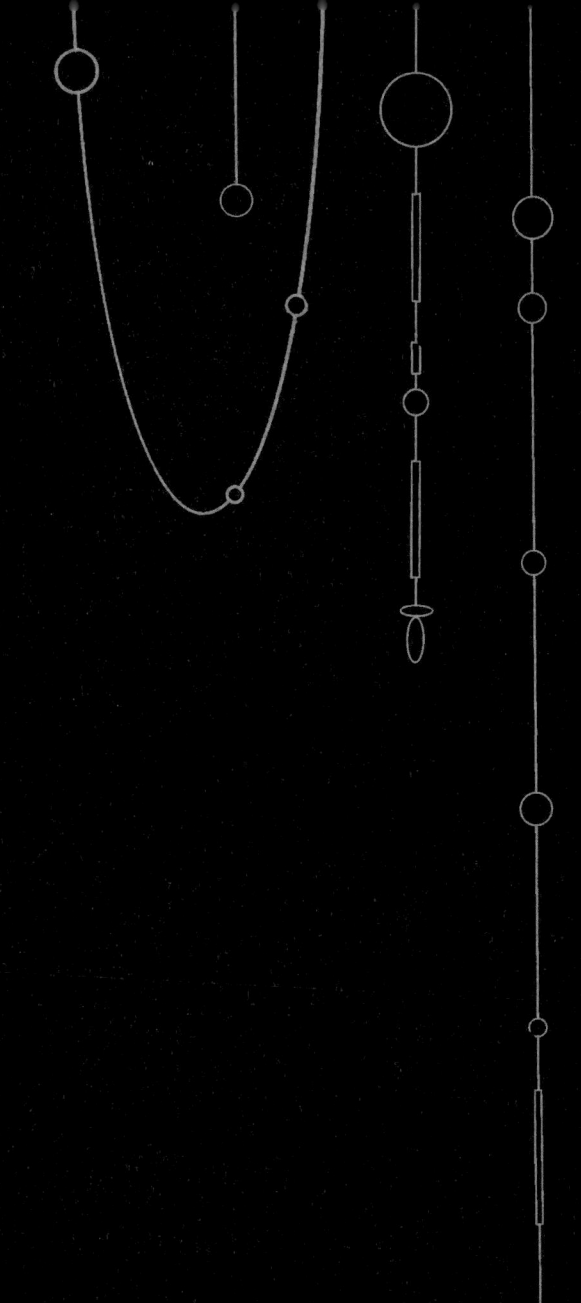

众神无处可居，便叫来禺彊想办法。禺彊随后派来十五只巨鳌，托举着海岛使其不会漂走。巨鳌们分为三番，每六万年换一次班。

因此在其他一些著作中，禺彊也常以龟的形象出现，如《大荒经》中"北极之神名禺彊，灵龟为之使也"。

禺疆

颛顼

颛顼
zhuān xū

在五帝中，颛顼位列第二，是掌管北方天地的神。

颛顼一生有两大贡献，一是"打败共工"，二是"绝地天通"，对"大一统"格局有突出贡献。

"打败共工"在《淮南子·天文训》中有记载，称："昔者共工与颛顼争为帝，怒而触不周之山，天柱折，地维绝，天倾西北，故日月星辰移焉；地不满东南，故水潦尘埃归焉。"

传说共工与颛顼争帝，约了一些天神共同反对颛顼。颛顼听闻，亲自挂帅，前去迎战，展开了一场激烈的战争。几个来回后，共工一方不敌颛顼，双方辗转杀到不周山下。

不周山顶天立地，实则为撑天的柱子。眼见不周山挡住了去路，共工一怒之下，朝不周山撞去，不周山竟被拦腰撞断。

天柱折断，整个宇宙发生了大变动。西北天穹向下倾斜，故北方上空的日月星辰瞬移，形成了我们今天看见的运行路线，解除了上古时期有些地方白昼即白、有些地方黑夜即黑的困苦；东南大地塌陷，形成我们今天看到的西北高、东南低的地势和百川归海的景象。

"绝地天通"在《尚书·孔氏传》中有相关记载,称:"帝命羲、和,世掌天地、四时之官,使人、神不扰,各得其序,是谓'绝地天通'。"

传说古代百姓崇鬼神而弃人事,万事靠占卜,无法安心生产。颛顼为解决此事,改革宗教,虔心祭祀天地,为百姓做出表率,劝导百姓遵循自然,从事生产。

"绝地天通"的关键在于:"人、神不扰,各得其序。"颛顼的改革大大促进了农业生产,发展了劳动力,促进了社会的进步,影响深远。

盘古 pán gǔ

在现代人眼中,盘古是"开天地"的创世神,但此说大有疑问,因最早记录"盘古开天地"的书,是三国吴人徐整的《三五历记》。此前和此后,盘古常被写作盘瓠(hù),为一条狗。

盘瓠在《后汉书·南蛮传》和《搜神记》中都有记载,称:"远古帝喾(高辛氏)时,有老妇得耳疾,挑之,得物大如茧。妇人盛于瓠中,覆之以盘,顷化为犬,其文五色,因名盘瓠……后盘瓠助帝喾取犬戎吴将军头,帝喾以少女妻之。负而走入南山,生六男六女,自相配偶。其后子孙繁衍。"

在上古神话中,许多族群都以动物为先祖。盘瓠可能是帝喾属下的一个部落,负责养猎犬,因故迁到南方,为保持部落记忆,才创出这一神话。

盘古开天地的神话诞生很晚,但混沌说很早就有。《老子》称"有物混成",《淮南子》也称"古未有天地之时,惟象无形",庄子则称混沌是中央之帝。看来,盘古很可能是在历史依据之上,为时代需要而创作出来的。

盘古开天辟地的传说在《三五历纪》中有记载："天地混沌如鸡子，盘古生其中。万八千岁，天地开辟，阳清为天，阴浊为地。盘古在其中，一日九变，神于天，圣于地。天日高一丈，地日厚一丈，盘古日长一丈。如此万八千岁，天数极高，地数极深，盘古极长。后乃有三皇。数起于一，立于三，成于五，盛于七，处于九，故天去地九万里。"

盘古记载混乱，正史不记，但道家却很看重盘古。汉代时，创世神是女娲，此后盘古取而代之，这可能体现了当时人们男尊女卑的观念。

盘古

神农

shén nóng
神农

神农，即炎帝，远古时期的太阳神，被后世尊称为药祖、神农大帝、五谷先帝。

神农一生中有很多伟大的贡献。

一是发明农业。

在《周易·系辞下第八》中记载："包牺氏没，神农氏作，斫木为耜（sì），揉木为耒（lěi），耒耨之利，以教天下，盖取诸益。"是说伏羲氏寿终后，神农氏兴起，神农砍伐树木做成手犁，揉弯树木做成犁柄，用工具耕种和除草，传授给天下。

二是发明医药。

《史记·三皇本纪》中记载："神农……始尝百草，始有医药。"

相传神农为了给百姓们寻找可以治病的草药，而尝百草。只要是有毒的草药，神农的内脏就会呈现黑色。后来，有天，神农在尝试了一种药草后，肠子溃烂，加上之前服了太多毒草，不幸身亡。据说那药草为断肠草。

三是制作陶器和首创纺织。

在一些文献中有其相关的记载。《逸周书》说:"神农之时,……作陶冶斤斧。"《太平御览》卷引《逸周书》则说:"神农耕而作陶。"《庄子·盗跖》记载:"神农之世,……耕而食,织而衣。"可见神农时期已有制作陶器和进行纺织的迹象。

四是首创贸易。

在《易·系辞下》中记载:"神农氏作……日中为市,致天下之民,聚天下之货,交易而退,各得其所,盖取诸噬嗑。"《史记·三皇本纪》则记载:"炎帝神农氏……教人日中为市,交易而退。"日中设立集市,聚集四方货物,各取所需,进行交易。

神农还有创作历法、正节气、审寒暑等诸多杰出贡献,对华夏民族影响深远。

蚩尤
chī yóu

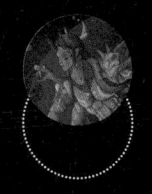

蚩尤，又名蚩蚘、蚩邮。蚩尤，是上古时代九黎氏族部落联盟的首领，骁勇善战，是中国神话中的战神！

蚩尤兄弟八十一人，有着野兽一样的身子，说着人类的语言，且铜头铁额，吃沙和石子，能够制作兵器，刀戟强弩，威震天下。

传说蚩尤与炎帝大战，炎帝战败，便与黄帝联合共同对抗蚩尤，开展了激烈的涿（zhuō）鹿大战。黄帝不敌蚩尤，请应龙作战，应龙蓄水。蚩尤见状，请来风伯雨师，操纵大风大雨。皇帝便请来旱神女魃，雨止，遂杀蚩尤。这一说法在《山海经》中有记载，称："蚩尤作兵伐黄帝，黄帝乃令应龙攻之冀州之野。应龙畜水，蚩尤请风伯雨师，纵大风雨。黄帝乃下天女曰魃，雨止，遂杀蚩尤。"但也有说是皇帝得到玄女的帮助才得以战胜蚩尤。

涿鹿战争意义深远，其一为涿鹿战后，其他各氏族部落均不敢轻易发动战争，使得中原地区得以稳定发展，进一步促进了中原地区的融合统一；其二是这次战争对之后的兵器制造以及技术发展起到了积极的推动作用，开启了中华文明的辉煌历史。

蚩尤虽战败，但他仍有一定的威慑力。后来天下又乱，黄帝画下蚩尤的形象，威慑天下。天下都以为蚩尤不死，并且居黄帝之幕府，于是"八方万邦皆为弭服"。

蛮尤

嫘 léi 祖 zǔ

嫘祖，又叫傫祖、雷祖。

在《山海经》中记载："皇帝妻嫘祖，生昌意。"在《史记·五帝本纪》中记载更为详细，为"皇帝居轩辕之丘，而娶于西陵之女，是为嫘祖。嫘祖为皇帝正妃，生两子，其后皆有天下。其一曰玄嚣，是为青阳，青阳降居江水。其二曰昌意，将居若水"。

嫘祖是我们先祖中的女性杰出代表，她开创育桑养蚕，抽丝织巾，史称"嫘祖始蚕"。嫘祖母仪天下，首倡婚嫁，教民养蚕制丝，无须树叶蔽体，是中华传统文化的宝贵财富和文化根基，其伟大功绩，受到人民的尊崇。

唐代著名韬略家赵蕤(ruí)所题唐《嫘祖圣地》碑文称："(嫘祖)生前首创种桑养蚕之法，抽丝编绢之术，谏诤黄帝，旨定农桑，法制衣裳，兴嫁娶，尚礼仪，架宫室，奠国基，统一中原，弼政之功，殁世不忘。是以尊为先蚕。"其功绩"与日月齐辉，与天地同寿"。

嫘祖

西王母

西王母
xī wáng mǔ

西王母，又称王母、西姥、瑶池金母、西灵圣母，在中国神话中有着举足轻重的地位。

在《山海经》中，有三处记载了西王母。

其一为"又西三百五十里，曰玉山，是西王母所居也。西王母其状如人，豹尾虎齿而善啸，蓬发戴胜，是司天之厉及五残"；

其二为"西王母梯几而戴胜杖，其南有三青鸟，为西王母取食。在昆仑虚北"；

其三为"（昆仑之丘）有人，戴胜，虎齿，有豹尾，穴处，名曰西王母"。

在《山海经》中，西王母的形象是豹尾、虎齿、蓬发戴胜。"戴胜"二字难解，汉代人称"戴玉簪"为"戴胜"，可《山海经》写于先秦，显然，"戴"与"胜"应分开理解。

"戴"字由"異"和"戈"构成，"異"就是鬼，所以"戴"应指头戴鬼面、手持戈矛。

"胜"（勝）字则由"月""关""刀"组成，"关"的本意是卷起的兽皮，所以"胜"应指身穿兽皮。

如此打扮，加上"司天之厉及五残"（厉是厉鬼，五残是疾病），西王母显然是等级最高的女巫。所以后来不论形象怎样变化，采药始终是西王母的标配。

西王母住在昆仑山，《山海经·大荒西经》中的昆仑山在"西海之南，流沙之滨，赤水之后，黑水之前"，并非今天的昆仑山，而应该在中原以西。

在民间神话作品中，西王母的形象进一步人格化，如《西游记》中"孙悟空大闹西王母蟠桃会"、《鹊桥宝卷》中"西王母奉命带回织女"等。西王母均以女性形象出现，是掌管罚恶、预警灾厉、生育万物、调和阴阳的长生女神。

伏 fú 羲 xī

伏羲，又名伏栖、包牺、宓牺、羲和等，可见上古中文也是表音文字。伏羲，是华夏民族人文先祖、三皇之一。

宋代罗泌的《路史》记载："母华胥，居于华胥之渚，尝暨叔嫟翔于渚之汾。巨迹出焉，华胥决履奌 踡(quán) 之，意有所动，虹且遶(rào)之，因孕。十有二岁……生于仇夷，长于起城，龙身牛首。"

相传华胥国有个叫"华胥氏"的姑娘，生活在华胥水边，到雷泽去游玩。偶然见一巨型脚印，便好奇地踩了踩，之后便有了身孕，此身孕一怀十二年。十二年后，生下一个儿子，有着蛇一样的身体和人一样的脑袋，取名为伏羲。

关于伏羲的记载少且模糊，在已失散的《三坟》中记载："伏羲氏，燧人子也，因风而生，故风姓。"但司马迁写《史记》时，只从五帝开始，可见他不太信三皇传说。

唐代司马贞注《史记》时，又加入三皇部分，称伏羲"太昊是也……立一百一十年崩"。

记载很是混乱。

但从诸多历史典籍中，我们可明确地知道，伏羲有着诸多的创世成就。

其一是创立八卦，阐述了宇宙天体运转对人类的作用规律。

《易·系辞下传》中记载:"古者包牺氏之王天下也,仰则观象于天,俯则观法于地,观鸟兽之文,与地之宜,近取诸身,远取诸物,于是始作八卦,以通神明之德,以类万物之情。"

其二是育民做网猎鱼,同时驯养家禽,提高了生产力。

在《路史·后记》有记载,为:"伏羲豢养牺牲,服牛乘马。"伏羲豢养牲口,且将野牛野马会驯服成坐骑。

其三是制嫁娶婚俗,变革婚姻,结束了"只知其母不知其父"的长久的、原始的、群婚的状态。

宋代罗泌在《路史·太昊纪上》中记载:"姓氏,通媒妁,以重万民之俪,俪皮荐之以严其礼,示合姓之难,拼人情之不渎。法乾坤以正君臣、父子、夫妇之义。"

其四是创造了最早的原始乐器。

《世本·作篇》中说:"伏羲氏削桐为琴,面圆法天,底平象地,龙池八寸通八风,凤池四寸象四时,五弦象五行,长七尺二寸,以修身理性反天真也!达灵象物昭功也。"

还有始文造字、结绳记事、地域分而治之等创世功绩,可谓是创世天神!

伏羲

少昊

少昊 shào hào

玄嚣，号白帝，又称少昊、青阳，皇帝之长子。

在《史记·五帝本纪》中记载："皇帝居轩辕之丘，而娶于西陵之女，是为嫘祖。嫘祖为皇帝正妃，生两子，其后皆有天下。其一曰玄嚣，是为青阳，青阳降居江水。其二曰昌意，将居若水。"

传说皇帝有二十五个儿子，其中有二子为正妃嫘祖所生，长子为玄嚣，便是少昊。

在《山海经》中也记载了少昊，云："又西二百里，曰长留之山，其神白帝少昊居之。其兽皆文尾，其鸟皆文首。是多文玉石。实惟员神磈（kuǐ）氏之宫。是神也，主司反景。"

再往西二百里，有山曰长留之山，天神白帝少昊便居住在这里。山中有着花尾巴的怪兽和花脑袋的禽鸟。山上多是彩色花纹的玉石。这座山实则是员神磈氏的居住地。这个神，主管太阳落下西山时反射东方的光线。

少昊时代对鸟崇拜，其掌管的部落以鸟为图腾，各氏族均为鸟姓。《左传·昭公十七年》中记载："我高祖少暤挚之立也，凤鸟适至，故纪于鸟，为鸟师而鸟名。凤鸟氏，历正也；玄鸟氏，司分者也；伯赵氏，司至者也；青鸟氏，司启者也；丹鸟氏，司闭者也。祝鸠氏，司徒也；鴡鸠氏(jū)，司马也；鸤鸠氏(shī)，司空也；爽鸠氏，司寇也；鹘鸠氏、司事也；五鸠，鸠民者也。五雉的五工正、利器用、正度量。九扈，为九农正、扈民无谣者也。"以鸟为图腾的少昊部落，有着分别以凤鸟、玄鸟、伯赵鸟、青鸟、丹鸟等鸟类为图腾的部落，分别有着不同的官衔和职能，共同管理。

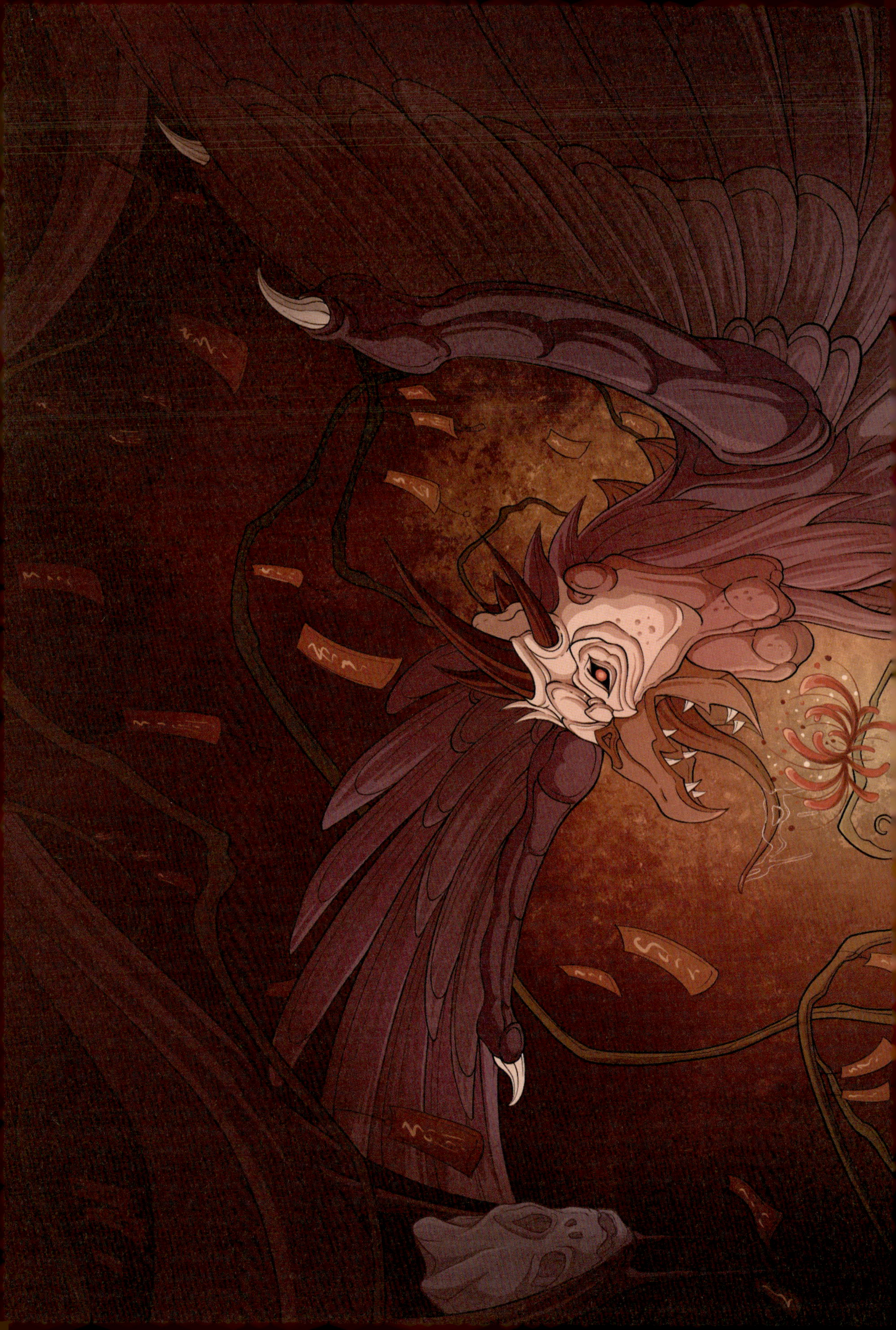

上古神兽

附录卷

龙生九子

龙这一形象贯穿了我国漫长而庞大的文化发展史，被视为天神，祥瑞之物，吉祥之兆。对于龙的记载也十分繁多，又杂又广。

龙生九子的传说在民间影响很大，但相关的记载却很少，直到明代才有相关记载，但其"九子"是哪九子却说法不一。

在中国传统文化中，常以"九"来表示极多，"九"有着至高无上地位，而"九"往往代表着虚数，用来描述龙子较多，并不确指"九子"。明代李东阳的《怀麓(lù)堂集》、杨慎的《升庵(ān)外集》都记载了龙生九子，但九子却出入较大，且不仅仅有九个。

杨慎在《升庵外集》中曾称道"龙生九子不成龙，各有所好"，这句话也被作为古谚流传至今，如"龙生九子，皆不成龙""一龙生九种，种种个别""龙生九子，各有所好"等。

老大 囚牛
lǎo dà qiú niú

据李东阳的《怀麓堂集》记："囚牛，龙种，平生好音乐，今胡琴头上刻兽是其遗像。"

囚牛是有鳞角的黄色小龙，喜音乐，故琴头多用它的形象，胡琴、龙头月琴（彝yí族）、三弦琴（白族）等，皆如此。

囚牛为什么是老大？这是一个谜。清代诗人查慎行将囚牛列为老二（老大是蒲牢），甚至有些著作干脆没将它列入。

老大囚牛

二子睚眦
èr zǐ yá zì

李东阳称睚眦平生好杀,"今刀柄上龙吞口是其遗像"。

睚眦龙身豺首,传说出生后被父亲所厌,差点儿成弃婴,幸母亲哀求,活了下来。周文王姬昌夜梦龙神,卜卦得睚眦,被其一语惊醒,决心伐纣,姜子牙便是睚眦推荐的。武王灭纣后,封赏时睚眦已去,为感谢它,武王令工匠在刀柄吞口处铸睚眦像,世代相传。

睚眦性刚烈,嗜杀好斗。《史记》称秦相范雎是:"一饭之德必偿,睚眦之怨必报。"可见睚眦本意是"瞪眼看",民间误认为是怪兽名。

二子睚眦

三子 嘲风
sān zǐ cháo fēng

嘲风也写作潮凤，样子近狗。明朝陈仁锡在《潜确类书》中说："嘲风好险，形殿角上。"嘲风平生好险，喜登高望远，一般设在殿或屋的房顶上，有震慑妖魔、驱灾除害的作用。

在古代建筑的屋脊兽中，骑鹤仙人排在最前面，它是春秋时的齐湣（同"闵"mǐn）王，曾揭破滥竽充数。在一次战争中，被敌兵追到大河边，无路可走，有大鸟飞来，载乘他逃走。

骑鹤仙人的后面，便是嘲风、凤、狮子、天马、海马、狻猊、押（也写作"狎"）鱼、獬豸（xièzhì）、斗牛、行什（hángshí）。因嘲风排列靠前，所以又被称为鳞虫之长。不过，普通建筑不可用如此高规格图样，只有故宫太和殿才能如此。

三子嘲风

四子 蒲牢
sì zǐ pú láo

明代杨慎在《升庵集》中称蒲牢"形似龙而小,性好吼,今钟上钮是也"。

传说蒲牢受击便大声吼叫,充作洪钟提梁的兽钮,助其鸣声远扬。蒲牢生性害怕鲸鱼,因此铸有蒲牢的大钟,常用刻有鲸鱼形象的槌撞击,则声音更洪亮。此说唐代即有,唐人李善曾录:"海中有大鱼曰鲸,海边又有兽名蒲牢。蒲牢素畏鲸,鲸鱼击蒲牢,(蒲牢)辄大鸣。凡钟令声大者,故作蒲牢于上,所以,撞之者为鲸鱼。"

唐代诗人皮日休曾有诗句:"重击蒲牢含山日,冥冥烟树睹栖禽。"不过,唐人从没说蒲牢是龙的儿子。

蒲牢又称朝天吼,蹲在华表上,对天咆哮,以传达下情。天安门前后有两对华表,均有蒲牢形象:门内的一对名为望君出,希望皇帝能多去民间体察民情;门外的一对名为望君归,希望皇帝不要在外太久,耽误朝政。

四子蒲牢

五子狻猊
wǔ zǐ suān ní

狻猊,又称狻麑,最早见于《尔雅》《穆天子传》。《穆天子传》中称:"名兽使足,走千里;狻猊野马,走五百里。"意思是狻猊是一种脚力超凡的走兽,《尔雅》则称狻猊长得像虦(zhàn)猫(浅毛老虎),以虎、豹为食物。

狻猊"平生好坐",又喜烟火,唐宋香炉盖常做成狻猊状,张着嘴,烟从口出。元代起有大型金猊炉,其实金猊未必就是狻猊,但二者均取狮子造型。

五子狻猊

六子霸下
liù zǐ bà xià

在古人记录中，常写作霸上，究竟是霸上还是霸下，目前难定论，一般称赑屃（bì xì）。李东阳说它"平生好负重，今碑座兽是其遗像"。

赑屃即民间常说的"王八驮石碑"，样子像乌龟，但有牙齿和胡须。赑屃的最早文字记录出自张衡的《西京赋》中"缀以二华，巨灵赑屃"，是形容词，呈现"作力之貌"。

唐代石碑座已多用巨鳌。传说渤海之东是归塘，有五座山，天帝命禺彊用十五只巨鳌的脑袋顶着山，使它们不沉。明代时，巨鳌的脑袋变形，成了龙头，本是形容词的赑屃也变成怪兽的名字了。

六子霸下

七子狴犴
qī zǐ bì àn

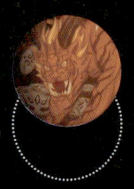

狴犴，又名宪章，据《潜确类书》称："狴犴，其形似虎，有威力，故立于狱门上。"

犴的本意是"野狗，似狐，黑喙"，"狴"是什么，则无具体记载。传说"虎生三只，必有一豹；豹生三只，必有一铥（diū）；铥生三只，必有一貅（xiū）；貅生三只，必有一狴犴"。

南宋时，有狱卒，名为犴裔，克己奉公、善良真诚，却遭秦桧排斥，被处死刑，死后化身为狴犴。宋代诗人华岳曾写道："人间狴犴知无所，天上蓬莱还有官。"可见此时狴犴已得人们崇拜。

狴犴原本的形象是虎头蛇尾，后来蛇尾消失，只取虎形，以震慑公堂。古代狱门或官衙正堂两侧立其形象，后为牢狱代称。

明鏡高懸

七子猙玕

八子负屃 bā zǐ fù xì

负屃，明人陆容说它"其状如龙，性好文采，故立于碑文上"，是龙生九子中唯一像龙的。

中国碑文历史久远，且造型繁多，而负屃"性好文采"，迷恋诗文书法，甘愿盘绕在碑文上。因此，负屃也成为文化兴盛、人才昌盛的象征。

和负屃常共同出现的是霸下。霸下"平生好负重，今碑座兽是其遗像"。负屃立于碑文上，霸下立于碑文下，可见我国碑文的精致与秀美。

不过，明代的记录中，负屃与赑屃常不分。李东阳就说："赑屃，平生好文，今碑两旁龙是其遗像。"总之是一笔糊涂账。

八子负屃

九子螭吻
jiǔ zǐ chī wěn

李东阳记螭吻为蚩吻，称它"平生好吞，今殿脊兽是其遗像"。

螭吻也写作鸱尾、鸱吻，设在宫殿房顶两段。古代修宫殿，装修螭吻是一件大事，不仅要祭窑神，还需四品以上文官、三品以上武官迎接。

传说汉武帝建柏梁台，十多年后便被火烧毁了。重修时，越巫建议说，有海兽名蚩，能镇邪火。

古代普通人家不可装螭吻，人们遂用变形的螭吻显身份、求好运，一般用鳌鱼。据陆容说："鳌鱼，其形似龙好吞活，故立于屋脊上。"所以，普通古建筑上的不是龙子，而是海龟。

九子螭吻

四大圣兽

圣兽也称瑞兽，相对于凶兽而言。圣兽出现，会给人带来吉祥，比如天下太平、圣贤出世等。

四大圣兽有两种说法：一种是麒麟、凤凰、龟、龙；另一种是青龙、白虎、朱雀、玄武。后一说法更被后世认可。

此外，白泽、虞、辟邪等也被视为是圣兽。

四大圣兽是世界的守护神，常作为评判朝廷兴衰的标志。人民安居乐业时，四圣必然出现。后来道教吸收了四圣思想，称青龙为孟章神君、白虎为监兵神君、朱雀为陵光神君、玄武为执明神君。

朱雀 zhū què

朱雀是南方主神，掌南方七宿（井木犴、鬼金羊、柳土獐、星日马、张月鹿、翼火蛇、轸(zhěn)水蚓），色红，五行属火，在八卦中是离卦，代表季节是夏季，道教称它为"陵光神君"。

在道教炼丹术中，称朱砂为朱雀，因其见火即飞（消失），被视为大丹之本。

朱雀又称朱鸟，春秋时已出现，它身覆火焰，终日不熄，在四象中代表太阳。先秦时，人们认为朱雀是接引死者灵魂上天界的神，墓葬中经常出现它的形象。

至于朱雀的原型，一说是朱鹮(huán)；一说是赤乌，即传说中太阳里的乌鸦；一说是火鸟；一说是红孔雀。只有火鸟、红孔雀颜色接近朱雀，但造型却相差甚远。朱雀是神鸟，不宜以凡鸟比附。

更大的可能是朱雀掌握南方七宿，而这七宿连起来近鸟形。

朱雀现身，象征天下太平。

朱雀

玄武 xuán wǔ

玄武是北方主神，掌北方七宿（斗木獬、牛金牛、女土蝠、虚日鼠、危月燕、室火猪、壁水貐），色黑，五行属水，在八卦中是坎卦，代表季节是冬季，道教称它为"执明神君"。在道教炼丹术中，称黑汞为玄武，黑汞是水银的一种，非常重，能柔能刚。

玄武的最早造型是鹿，后成乌龟，再成一蛇一龟。在四象中代表太阴。

据出土的公元前六世纪春秋虢(guó)国铜镜背后，刻有四象，分别是龙、虎、鸟、鹿，鹿显然指玄武。然而，曾侯乙墓中的二十八星宿图中，也绘有四象，分别是龙、麒麟、鸟、龟。显然，龟指玄武。

鹿为什么变成龟，来源不详。但有记载说，在春秋时，楚人崇拜玄武，认为它有掌生死、治病两大功能，便在长寿的乌龟的基础上，加上了能入药的蛇。玄武遂成后来的样子。

玄武

白虎 bái hǔ

白虎是西方主神，掌西方七宿（奎木狼、娄金狗、胃土雉、昴日鸡、毕月乌、觜(kuī)火猴、参水猿(zī)），色白，五行属金，八卦为乾卦、兑卦，对应季节是秋季。道教称它是"监兵神君"。在道教炼丹术中，将白金称为白虎，因白金是"精之所致也，其伏不动"，即化学性质稳定，不易变化，犹如白虎蹲踞。

晋代作品《中兴征祥说》中记载："王者仁而不害，则白虎见。白虎者，仁兽也。状如虎而白色，啸则风兴，缟身如雪，而无杂毛者是也。"白虎全身如雪，无任何杂毛。

白虎性格凶猛，主兵，在四象中代表少阴。汉代将白虎、青龙的形象刻在墓室的过梁上，以辟邪，因"虎者，阳物，百兽之长也，能执搏挫锐，噬食鬼魅"。

白虎

青龙 qīng lóng

　　青龙又名苍龙,是东方主神,掌东方七宿(角木蛟、亢金龙、氐土貉、房日兔、心月狐、尾火虎、箕水豹),色青,五行属木,八卦为震卦、巽(xùn)卦,对应季节是春季。道教称青龙是孟章神君。在道教的炼丹术中,称水银为青龙,因水银变化无穷,"澄之不清,搅之不浊,近不可取,远不可舍,潜藏变化无尽,故言龙也"。

　　龙因相貌威猛、战力强大,很受重用,在四象中代表少阳。《说文解字》中称:"龙,鳞虫之长,能幽能明,能细能巨,能短能长。春分而登天,秋分而潜渊。"

　　早期青龙形象与应龙相似,有羽翼,应龙即黄龙,是所有龙的祖先,属最高级别的龙神。青龙形似应龙,所以《淮南子》说:"天神之贵者,莫贵于青龙。"故早期青龙应是四大神兽之首。

青龙

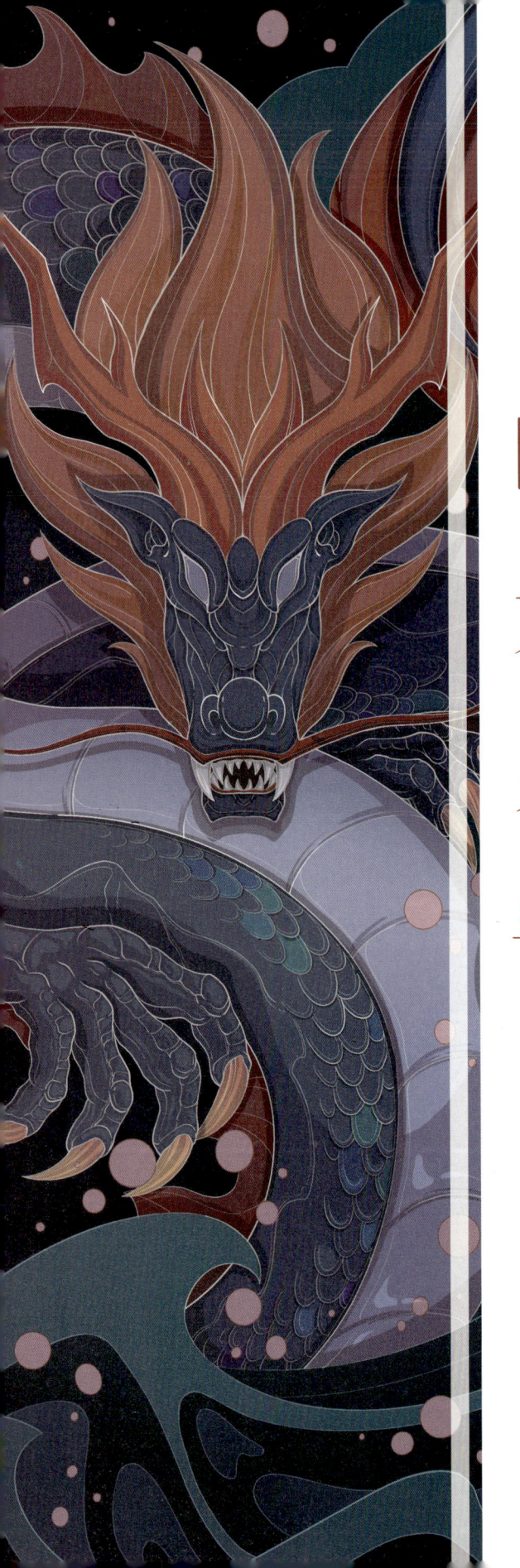

四大灵兽

即天之四灵，最早出自《礼记·礼运》，称："何谓四灵？麟凤龟龙谓之四灵。（故）龙以为畜，故鱼鲔不淰(wěi shěn)（鱼惊走的意思）。凤以为畜，故鸟不獝（鸟惊飞的意思）。麟以为畜，故兽不狘(xuè)（兽惊走的意思）。龟以为畜，故人情不失。"意思是说：何为四灵？麟、凤、龟、龙，是四类动物之王称为四灵。因此，龙如果成为家畜，鳞族部下就会随之而来；凤如果成为家畜，羽族部下也会随之而来；龟如果成为家畜，这样可用以占卜，就可以预先察知人情。

汉代之前，受五行学说影响，神物多以五为数，汉代则合并成四。之所以选这四种动物，《十三经注疏·礼记·曲礼上》认为："如鸟之翔，如龟蛇之毒，龙腾虎奋，无能敌此四物。"

麒麟
qí lín

在甲骨文中，便有上鹿下文的字。王国维先生认为，此应是"麐"字的古代写法，而麐即麟。可见，麒麟在古代可能存在，与鹿相似。

传说孔子曾见过麒麟，并写了《获麟歌》："唐虞世兮麟凤游。今非其时来何求。麟兮麟兮我心忧。"

传说孔子将生时，麒麟吐玉书于其家，上写"水精之子孙，衰周而素王"，意思是孔子有帝王之德而不居。"麒麟送书"遂成文教传家的象征。

而麒麟长什么样呢？据《瑞应图》记载："羊头、狼蹄、圆顶，身有五彩，高一丈二尺。"在神话中多为吉祥的象征。

麒麟

凤凰 fèng huáng

凤凰，古代传说中的百鸟之王，亦称丹鸟、火鸟，且雄为"凤"，雌为"凰"，合称为凤凰。凤凰和龙一样，是中国文化的重要元素，是吉祥和谐的象征。

在《山海经》中记载："又东五百里，曰丹穴之山。其上多金玉。丹水出焉，而南流注于渤海。有鸟焉，其状如鸡，五采而文，名曰凤皇，首文曰德，翼文曰义，背文曰礼，膺文曰仁，腹文曰信。是鸟也，饮食自然，自歌自舞，见则天下安宁。"是说在丹穴山上，有很多金属矿石和玉石。丹水从这里流出，向南流入渤海。这里生活着一种鸟，样子同鸡一般，有着五彩的羽毛，并长着花纹，名字叫凤凰。凤凰头上的花纹呈现出"德"字，翅膀上的花纹为"义"字，背上的花纹为"礼"字，胸上的花纹为"仁"字，腹部的花纹为"信"字。凤凰饮食自然，自歌自舞，见则天下太平！

但在不同的作品中，凤凰的样子有着很大的不同，如《尔雅》中记载："凤，其雌皇。"郭璞注："凤，瑞应鸟。鸡头，蛇颈，燕颔，龟背，五彩色，其高六尺许。"这里的凤凰有着蛇颈、龟背。而在《说文》中，凤凰则为"凤之象也，鸿前、鳞后、蛇颈、鱼尾、鹳嗓鸳思、龙纹、龟背、燕颔、鸡喙"，愈加复杂。

凤凰本自成雄雌，但自秦汉以来，龙逐渐成为帝王的象征，而凤凰开始成为皇后及妃嫔的象征，逐渐被"雌"化。

凤凰被女性化后，其和平、妩媚、光明的一面得以凸显，成为美好事物的象征。

凤凰

龟 guī

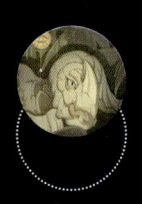

龟曾被列为四灵之长。龟受重视，因其长寿，且水陆兼能，自带御敌装备，尤其是能提前判断晴雨，被视为有预言能力的神兽。大禹父亲鲧(gǔn)曾将龟列为部族图腾。

家天下后，龟的地位大大提高——占卜多用烧龟壳，"衅血"（就是用动物血涂抹器物表面，以辟邪）也以龟血为最尊。

春秋战国时，将军外出作战，必有龟旗，表示有未卜先知之能。

古人烧龟壳占卜，仪式感很强。龟壳被加热到一定程度，会发出巨大的开裂声，即"龟炸""龟语"，同时裂出复杂纹路，给占卜者作占卜提供了充分空间。

从唐代末期起，乌龟的名声渐差，诗人皮日休几次访友不遇，便写诗开玩笑说"顽皮死后钻应遍，都为平生不出头"。明初陶宗仪在《辍耕录·废家子孙诗》中录金方所诗："宅眷皆为撑目兔，舍人总作缩头龟。"传说兔望月而孕，之所以这么写，是讽刺不正当的男女关系。

明清时，乌龟的形象已较少出现在日常生活中。

龟

龙 lóng

龙是传说中的神兽，其源至今难辨。

上古神仙多人首蛇身，如伏羲、女娲，由此推断，龙的源头可能是蛇，但也有鳄鱼说、河马说、蜥蜴说、天气说、闪电说、鲸鱼说等。

中国龙和西方龙的原型可能都是蛇，细节却大不同，且西方龙能吐火，而中国龙则吐水，帮助农民抗旱，从不伤害好人。

西方龙传说源于古希腊，当地贫瘠，不利农耕，人们多以航海为生，喜欢挑战自然。而中国的龙则与农耕文明伴生，彼此和谐，从不以彻底消灭对方为目的。

所以，中国龙为灵兽，见到它的人反而会得到福分。

龙

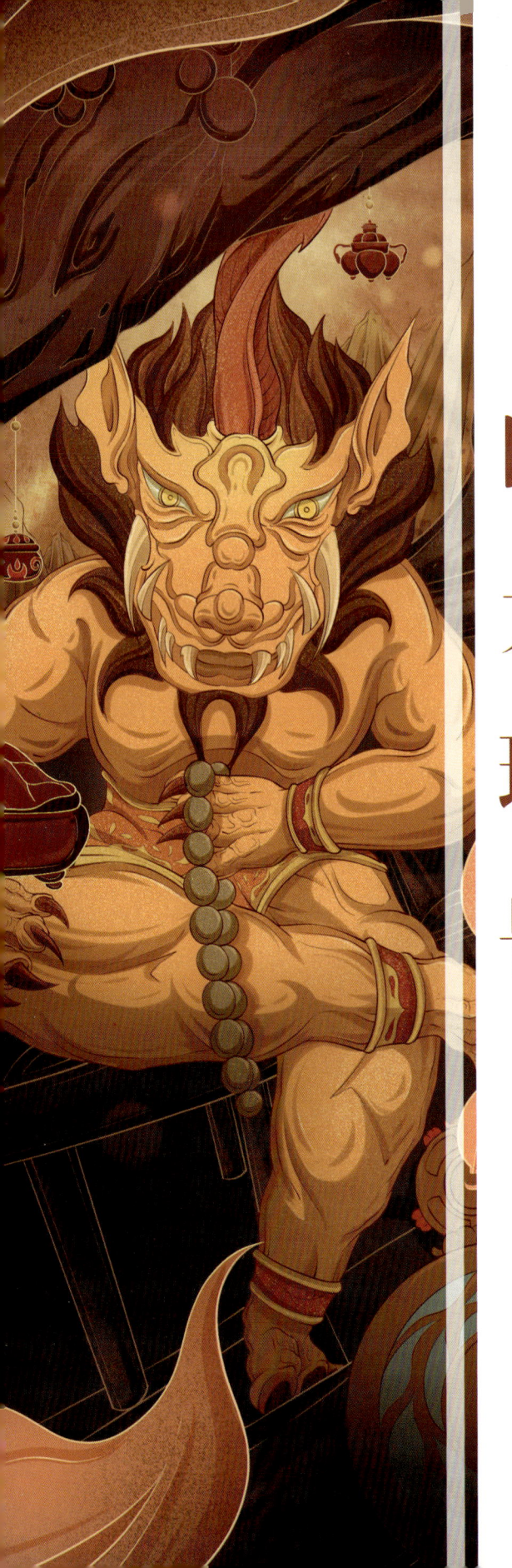

四大瑞兽

"瑞"本是古代作为凭信的玉器,《说文解字》中称:"瑞,以玉为信也。"瑞兽即给人带来吉祥的兽,与灵兽略同。

瑞兽的出现,表现了古代劳动人民想要幸福、安宁的朴素愿望。

古代神话中的瑞兽有很多,如龙、凤、龟、麒麟、貔貅等,四大圣兽的青龙、白虎、朱雀、玄武也视为瑞兽。不过影响最大的还是獬豸、狻猊、貔貅、当康。

獬豸
xiè zhì

獬豸，中国古代神话传说中的神兽，也是我们常说的独角兽，又称任法兽。它看上去似羊似牛，性凶猛，头顶正中有一长独角，短尾，羊蹄。

据说獬豸喜欢住在水边，性情忠贞，见二人相斗，便用角撞过错方。如二人争吵，獬豸就会咬理亏者。因明辨是非，被视为法律的象征。关汉卿在作品中曾用"生前不惧獬豸冠，死来图画麒麟像"表示一生公正，堪称典范。

传说春秋战国时，楚文王曾获一獬豸，照其形制成冠戴于头上。于是上行下效，獬豸冠在楚国成为时尚。后来执法吏所戴的帽子，均称獬豸冠。

明清时，主持监察、司法工作的官员御史和按察史等一律着獬豸袍。随着百姓对獬豸形象日渐熟悉，它便成了瑞兽。

獬豸

狻猊
suān ní

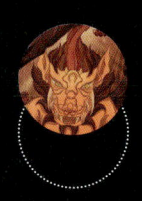

狻猊在中文典籍中出现甚早，《穆天子传》中便有记载，曰："名兽使足走千里，狻猊、野马走五百里。"

在中国古代神话中，狻猊是龙生九子之一，形如狮，喜烟好坐，所以狻猊多出现在香炉上。

狻猊

貔貅
pí xiū

貔貅本是一种凶猛的神兽，传说曾帮助黄帝打败蚩尤。

《尚书·牧誓》中说："如虎如貔。"《史记》则称："轩辕乃修德振兵……教熊、罴、貔、貅、貙(chū)、虎，以与炎帝战于阪泉之野。"明代一些文献将貔貅列入"龙生九子"的名单。

貔貅分雄雌。雄名貔，头朝左歪，左脚在前；雌名貅，头向右歪，右脚在前。

貔貅有独角、翅膀和鬃毛，道教称它为"先天辖落灵官王天君"，佛教称它为谛听，是地藏菩萨的坐骑。传说貔貅违反天规，玉皇大帝罚它能吞万物而不能泻，后被传为有聚财之能，风靡一时。

貔貅

当康 dāng kāng

当康是一种像猪的怪兽。据《山海经》记载："其状如豚而有牙，其名曰当康，其鸣自叫，见则天下大穰。"意思是说这种怪兽的叫声犹如"当康"，一旦出现，就意味着大丰收年。

从此记载看，当康有点像鹿豚。鹿豚一般栖息在高山森林、丘陵中，集体活动，善奔跑和游泳。鹿豚视力差，有獠牙，从口腔往上长，一直穿到脸上，在眼睛斜前方弯曲向后，随着牙不断变长，再扎回肉里，甚至扎入眼睛中。

宋代类书《太平御览》在提到当康时说："南方有兽，似鹿而豕首，有牙。善依人求五谷，名无损之兽。"郝氏《笺疏》所说："形状与此兽近，当即此。"可能当时中国部分地区也有鹿豚。

当康

四大凶兽

四凶的说法最早来自《左传》，即："舜臣尧，宾于四门，流四凶族混沌、穷奇、梼杌(táowù)、饕餮(tāotiè)，投诸四裔，以御魑魅(chīmèi)。"

《史记·五帝本纪》引用了这段记录，并加以丰富。司马迁认为，四凶族就是：帝鸿氏不才子混沌，少皞氏不才子穷奇，颛顼氏不才子梼杌，缙(jìn)云氏不才子饕餮，并指出"混沌、穷奇、梼杌、饕餮"都是别人起的外号，都不是什么好词。

穷奇
qióng qí

在《山海经》中,有两处记载了穷奇,但彼此矛盾。

一处说:"邽山,其上有兽焉,其状如牛,猬毛,名曰穷奇。音如嗥狗,是食人。"穷奇样子像牛,长着刺猬的毛发,叫声如狗叫,喜欢吃人。

另一处是说:"穷奇状如虎,有翼。"称穷奇样子像老虎,长了一双翅膀,喜欢吃人,是凶恶的异兽。

在《神异经》中也记载了穷奇,称它"其状如虎,有翼能飞,便剿食人,知人言语,闻人斗,辄食直者;闻人忠信,辄食其鼻;闻人逆恶不善,辄杀兽往馈之"。穷奇见两人打架,会帮没理的一方,将有理一方的鼻子咬掉;如果有人犯下恶行,穷奇却会鼓励他,可见其是大恶之兽。

窮奇

梼杌 táo wù

在《神异经》中记载："有兽焉，其状如虎而犬毛，长二尺，人面虎足，猪口牙，尾长一丈八尺，搅乱荒中，名梼杌。"称梼杌样子像老虎，却长了狗毛，长二尺，人脸虎脚，牙齿像猪，尾长一丈八尺，经常出来捣乱。

梼杌作为四凶之一，有其怎样的品行呢？

在《左传·文公十八年》中记载："颛顼有不才子，不可教训，不知话言，告之则顽，舍之则嚣，傲狠明德，以乱天常，天下之民谓之'梼杌'。"梼杌可以说是油盐不进，桀骜不驯，其凶也！

梼杌

混沌
hùn dùn

《神异经》中称混沌:"其状如犬,长毛四足,似罴而无爪,有目而不见,行不开。有两耳而不闻,有人知往。有腹无五脏,有肠直而不旋,食物径过。人有德行而往牴触之。有凶德则往依凭之。"

混沌样子像狗,长毛,四足,似狗熊但没爪子,有眼睛却什么也看不见,有两耳却什么也听不见,有肚子却没有五脏六腑,肠子是直的,吃什么就直接排出来。看到有德行的人,就怼人家,遇到没德行的人,却主动依靠。

混沌可以说是既混且乱,是非不分,掩义隐贼,好行凶慝(tè),大凶也!

混沌

饕餮
tāo tiè

饕餮，又名狍鸮，《山海经》中记载："钩吾之山，其上多玉，其下多铜。有兽焉，其状如羊身人面，其目在腋下，虎齿人爪，其音如婴儿，名曰狍鸮，是食人。"饕餮，羊身人面，眼睛长在腋下，有老虎的齿和人一样的手，声音像婴儿，喜欢吃人。

在神话传说中，多以饕餮比喻贪得无厌之人，其形象也是一种颇为贪吃的怪兽，因饕餮过于贪吃，以至于将自己的身体也吃掉了。

《左传·文公十八年》中便称饕餮"贪于饮食，冒于货贿，侵欲崇侈，不可盈厌；聚敛积实，不知纪极；不分孤寡，不恤穷匮"。可见其凶恶贪食，大凶也！

饕餮除了是凶兽外，也常作为一种古老的文化符号出现，古代青铜器上常用它的头部形状做装饰，名为饕餮纹。

號䰩
饕餮

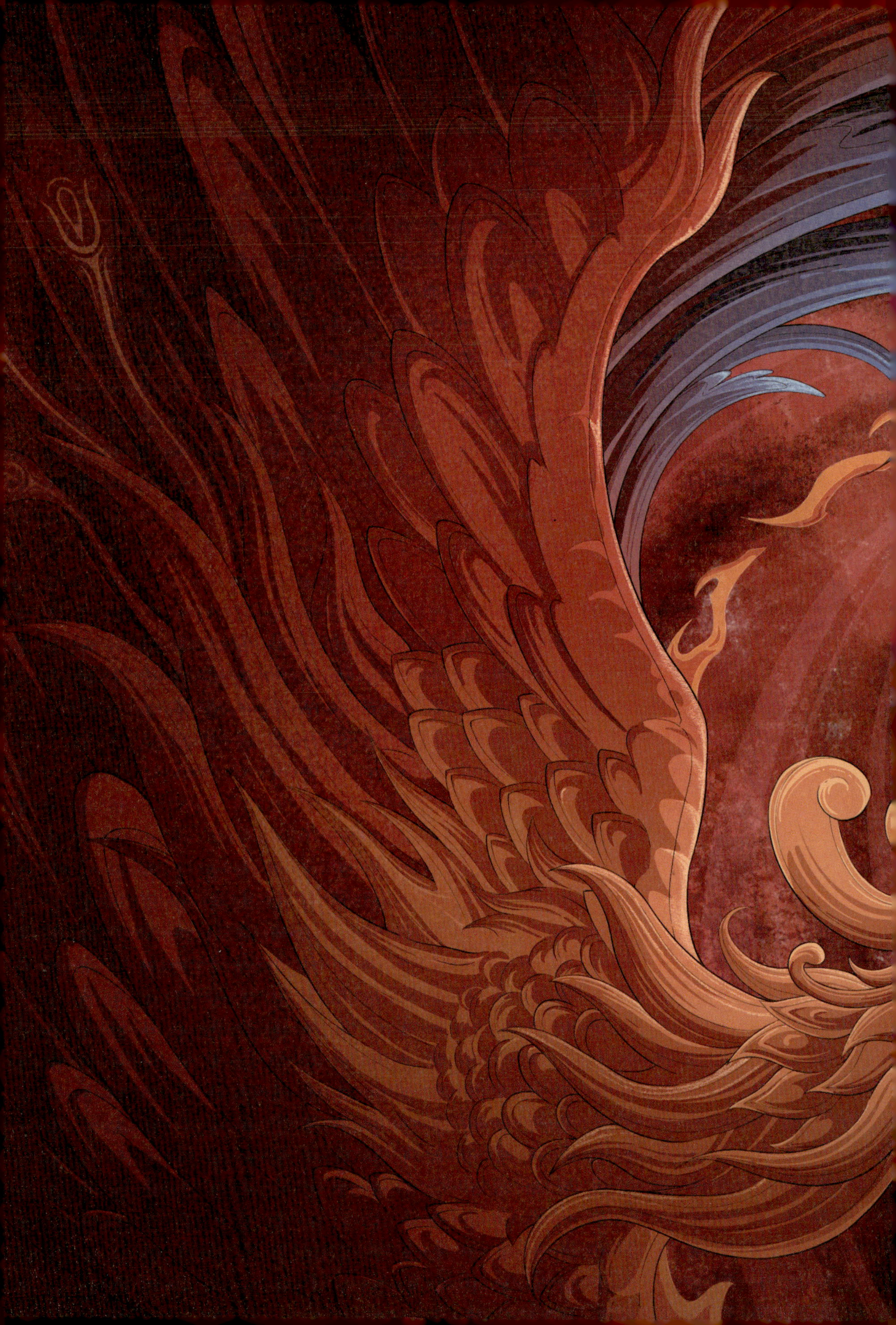

图书在版编目（CIP）数据

中国妖怪百绘卷 / 蔡辉著；袁艺文绘. — 广州：广东旅游出版社，2024.4
ISBN 978-7-5570-3153-4

Ⅰ．①中⋯ Ⅱ．①蔡⋯ ②袁⋯ Ⅲ．①鬼—文化—介绍—中国 Ⅳ．① B933

中国国家版本馆CIP数据核字（2023）第 191729 号

出 版 人：刘志松
特约监制：武　亮
产品经理：王　月
责任编辑：龙鸿波
书籍设计：末末美书
责任校对：李瑞苑
责任技编：冼志良

中国妖怪百绘卷
ZHONGGUO YAOGUAI BAI HUIJUAN

广东旅游出版社出版发行
（广东省广州市荔湾区沙面北街71号首、二层）
邮编：510130
电话：020-87347732（总编室）　020-87348887（销售热线）
投稿邮箱：2026542779@qq.com
印刷：北京华宇信诺印刷有限公司
　　　（北京市丰台区王佐镇庄户工业园1号院）
开本：787 毫米 ×1092 毫米　16 开
字数：180 千字
印张：22.25
版次：2024 年 4 月第 1 版
印次：2024 年 4 月第 1 次
定价：168.00 元

[版权所有　侵权必究]
本书如有错页倒装等质量问题，请直接与印刷厂联系换书。